アメリカの大工さんの愛読書

昔ながらの木の家のつくり方

全文絵解き入り

【躯体・屋根・外装工事編】

ボブ・サイバネン（著）
戸谷　玄（訳）
住宅生産性研究会（監修）
セルフビルド勉強会（編）

以下の原書と翻訳書をもとに初学者向けに改題・改訂。

（原書）
Some Tricks of The Trade from an Old-Style Carpenter
Auther：Bob Syvanen
©The Globe Pequot Press 1976

邦題「昔気質の大工さんの知恵」
ボブ　サイバネン（著）　戸谷 玄（訳）
住宅生産性研究会（監修）　HICPM 研究所（発行）

（前頁口絵）ニューイングランドのケープコッドハウス
　　　　　（Cape Cod house in New England）

　　　　　　タラ漁で移住した初期移民の最も古い建築様式を残す家。
　　　　　　米国民の心のよりどころとして今も大切にされている。

典型的なニューイングランド様式の住宅

屋根と外壁にウッドシングルをあしらった昔ながらの住宅。本書ではこのような家の躯体・屋根・外装までの躯体工事の基本とコツについて解説。

(本文はボブ・サイバネン氏による解説。分かりにくい箇所は、※印や ひとロメモ にて、補助的な説明を挿入)

■はじめに

ボブ・サイバネン
マサチューセッツ州ブリユースクーにて

私は年をとるにつれて、誰でも何でもできると一層強く確信するようになってきた。必要なのは何かをやりたいという十分な意欲だけだ。

どんな試みにも、そこにはつまづきの原因となる何らかの予見しない問題が秘されている。そして、いろいろな物事についての「ハウツー」本が多数出版されているが、これらの問題については、殆ど言及されていない。私達がこれらの問題にどう対処するかが、往々にして、物事の成否を分けることになる。

私達は根太（ジョイスト）や、垂木（ラフター）について図面から読み取る。私達は図面によって、それらの材をどこへ取付け、何本釘を打ったらよいかを了解する。しかし、資材が曲がっていて、そ

の期待されたとおりに施工することができないことが分かったときに、どうしたらよいのか？材木を持ち上げて、それを運搬するときに、何か楽なやり方はあるのだろうか？手違いは起きるものだ。そして、その手違い自体は不都合でなかったとしても私達は戸惑うことになる。手違いはただ、何かをやるにあたっての別法で、結果が異なるだけのことである。多くの場合、いわゆる手違いは、より良い結果のための努力であると判明する。これらの手違いは（私はかなりやらかしてきたが）、以後の工事のための重要な学習資料である。如何に私達がそれらの手違いに対処するかが、並の仕事と優れた仕事の分け目になる。問題が発生したときには、まず落ち着いて気を楽にすること。解決策はまさに、現場にあるのだから。

私は、優れた建築家になろ

うと、30年前この道に踏み出した。私は小さな問題と、その解決方法について知りたいと思ってきた。30年の間、私は大工や建築家になるためのことを学び続けてきた。この本によって、誰かが一つの作業で良いから楽にできるように役立ってくれればと願っている。そして、そのために次の2つのことを覚えておいてほしい。

寸法は確認のために2度測り、切断するときは何度も切り直さないで1度で切ること。

あなたはピアノを作っているのではなく、住宅を建設しているのである。

■原出版社の紹介

TheGlobePequotPress
BoxQ Chester Connecdcut 06412

本書は、住宅を建設しようとする人や、大工になるための勉強をする人のための本である。本書には、フレーミング（木工事）、ルーフィング（屋根工事）、外部仕上工事や下見板張工事など、工事中に発生する問題の処理や、それらを未然に防ぐための昔からの大工の知恵を集めた本である。この本の中には、材木についての知識から、大工の道具箱の作り方まで、あらゆる大工に必要な知恵が盛り込まれている。労賃と材料費は急速に上昇しており、自分自身で作業して自分の家の質を高めることは重要になっている。分かり易い解説と建築家マルコルム・ウェルズによって描かれた素敵な挿し絵によってこの本は比類のないものになっている。

5

目次

1. 材料の運搬

- 本書の住宅の工法 11
- 構造用製材の樹種 12
- 構造用製材の寸法 13
- 製材の運び方 16
- 合板の運び方 20
- 材料の保管 22
- 到着前のチェック 24
- 曲がった木材をチェック 25

2. 土台

- 土台を設置する工程 26
- 北米の住宅の床下事情 27
- 基礎の測り方 28
- 壁の内側の面に印をつける 30
- 土台の内側位置に印をつける 31
- 土台の材料について 32
- 曲がったボルトの直し方 33
- 土台の組立て 33
- アンカーボルト専用の治具 34
- 土台の水平を測る方法 35
- 土台の水平を出す手順 38
- 土台の通気について 41
- 白蟻防除法ーシロアリ落としー 42

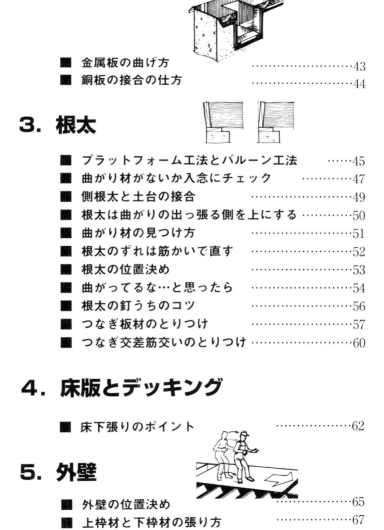

- 金属板の曲げ方　　　　　　　　　　……………43
- 銅板の接合の仕方　　　　　　　　　　……………44

3. 根太

- プラットフォーム工法とバルーン工法　……45
- 曲がり材がないか入念にチェック　　　…………47
- 側根太と土台の接合　　　　　　　　　……………49
- 根太は曲がりの出っ張る側を上にする　…………50
- 曲がり材の見つけ方　　　　　　　　　……………51
- 根太のずれは筋かいで直す　　　　　　……………52
- 根太の位置決め　　　　　　　　　　　……………53
- 曲がってるな…と思ったら　　　　　　……………54
- 根太の釘うちのコツ　　　　　　　　　……………56
- つなぎ板材のとりつけ　　　　　　　　……………57
- つなぎ交差筋交いのとりつけ　　　　　…………60

4. 床版とデッキング

- 床下張りのポイント　　　　　　　　　……………62

5. 外壁

- 外壁の位置決め　　　　　　　　　　　……………65
- 上枠材と下枠材の張り方　　　　　　　……………67

目次

- 開口部のつくり方 …………68
- まぐさ・窓枠の作り方の違い …………70
- 壁のつくり方 …………71
- 壁のたて起し方 …………73
- 壁の不陸調整方法と固定方法 …………75
- 壁を建て上げるときの施工法 …………77
- 外壁を利用した足場 …………79

7. 内装の間仕切り

- 間仕切り壁用筋違い …………80
- 交差する壁の接合方法 …………82
- 壁建て付け位置の墨付け …………84
- 方立ての取付け …………86
- 壁をまっすぐにする方法 …………88

8. 屋根の小屋組み

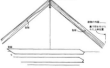

- 小屋組みの下書き …………89
- 垂木の切断 …………91
- 庇の持ち出し方法 …………93
- 棟木の取り付け方 …………94

- ■ 小屋組みの組み立て方 ·················97
- ■ 棟木工事用の足場 ·················99

8. 外装仕上げ

- ■ 外装各部の名称 ·················100
- ■ 外装仕上げ材の養生 ·················102
- ■ 外装材の欠陥部分の処理 ·················105
- ■ 軒天井 ·················106
- ■ 鼻隠し ·················107
- ■ 破風耳板 ·················110
- ■ 破風板 ·················112
- ■ 破風板の仕上げ ·················113
- ■ 外壁回り縁 ·················116
- ■ 隅枠材 ·················117
- ■ 棟板 ·················121
- ■ 隅枠材の固定と隅柱の形状 ·················122
- ■ 雨どい ·················123

9. 屋根と外装

- ■ 屋根工事足場 ·················127
- ■ シングルの葺き準備 ·················128
- ■ 屋根葺き用定規の使い方 ·················129

9

目次

- シングルの葺き方 …………131
- 屋根足場と防水対策 …………134
- シングル材の運び方 …………135
- 外壁板張用シングル材 …………136
- 窓まわりの張り方 …………138
- 防水紙張り …………139
- シングル材張りの揃え方 …………140
- シングル材の張り方 …………142
- シングル材の重ね方、揃え方 …………145
- 腰高線の張り方 …………146
- 接合部の隙間の処理 …………146
- シングル材の張り替え方 …………149
- ドア開口部枠の張り方 …………150
- 下見板張りの張り方 …………150
- 造作材を突きつけて継ぐ方法 …………151
- 梯子のつくり方/支持材 …………152

- 日本の法律 …………154
- 試作品にチャレンジ …………162
- 本書で出てくる英語の用語 …………167
- 監修者のことば …………169
- 再版にあたって …………172

10

1 材料の運搬（MOVING LUMBER）

ひとロメモ

　本書で取り上げる住宅は、北米で建てられているツーバイフォー工法（和訳で枠組壁工法、英語名 platform construction systems）である。英語でディメンションランバー（dimension lumber）と呼ばれる構造用製材と合板を用いる。もっとも多く用いられるのは、２x４材と２x６（ツーバイシックス）材である。語源は２インチx４インチ＝２x４に由来するが、実際の寸法は異なる。寸法は日本農林規格で定められている。２x４は壁の縦枠、上枠、下枠などに用いられる。２x６は根太や屋根垂木で用いられるほか、最近では高断熱化で壁の縦枠にも用いられるようになってきた。２x８や２x10は、土台、床根太、垂木などに用いられる。米国ではまぐさ受けにも用いられる。ツーバイ材を半分にしたワンバイ材（１x４、１x３など）は、構造用途以外の、例えば、外装の枠材、飼木（かいぎ）、筋交いなどに広く用いられる。長さは３フィート、６フィート、８フィート、12フィート品が多い。

　日本の戸建住宅の10棟に１棟はツーバイフォー工法である。日本で購入できるツーバイフォー材は全て乾燥済み品で、人工乾燥（キルンドライ）されている。

　日本の建築材料の品質基準は厳しく、北米側では、比較的高品質な材料を日本向けに提供している（それでもプレカット工場では約５％を反り・曲がりなどの不良品としてはねている）低品質で安価なものは、アメリカ国内やアジア市場などに出荷されている。

1 材料の運搬 (MOVING LUMBER)

■ 構造用製材の樹種

ひとロメモ

ツーバイフォー住宅で主に構造用製材に用いられる樹種はSPFである。SPFとはスプルース (spruce) という北海道のエゾマツに近い樹種、ロッジポールパインなどの材質が軟らかい松科の樹種、バルサムファーなどの材質の軟らかいモミ科の樹種といった複数の樹種の総称である。

このほか硬めの樹種として、ダグラスファー (ベイマツ　米松) やヘムロック (ベイツガ　米栂) が用いられる。日本市場では主に薬剤注入を

した防腐木材に加工されて土台に用いられる。北米では、まぐさなどの窓まわりや、根太にも用いられる。北米では床根太にSPFの 2 x 10 を入れると、3.6 m までスパンを飛ばせるが、強度のあるヘムロックやダグラスファーだと 4.6 m を飛ばせる。4.6 m を SPF でやろうとすると 2 x 12 材の大きさになるので、ヘムロックやダグラスファーの方が経済的である。ボブ氏は北米東部で用いられる樹種を次のように解説する。

①スプルース

東海岸では一番よく使われている枠材のようだ。これはとても軽く (特に乾燥していると)、切断も釘打ちも容易

で、音がすばらしい。ただ、材自体が弱くて、耐腐朽性が低く、釘の保持力も弱いという欠点がある。

材料の運搬

■ 構造用製材の寸法

【断面×幅】

寸法形式	読み方	表記	断面寸法 (mm)
2 x 2	ツーバイツー	202	38 x 38mm
2 x 3	ツーバイスリー	203	38 x 63mm
2 x 4	ツーバイフォー	204	38 x 89mm
2 x 6	ツーバイシックス	206	38 x 140mm
2 x 8	ツーバイエイト	208	38 x 184mm
2 x 10	ツーバイテン	210	38 x 235mm
2 x 12	ツーバイトゥエルブ	212	38 x 286mm
1 x 4	ワンバイフォー	104	19 x 89mm
1 x 6	ワンバイシックス	106	19 x 140mm
1 x 8	ワンバイエイト	108	19 x 184mm
1 x 10	ワンバイテン	110	19 x 235mm
1 x 12	ワンバイトゥエルブ	112	19 x 286mm

【長さ】

サイズ（feet）	読み方	表記	サイズ (mm)	サイズ（尺）
1 ft	1フィート	1F	304.8	約1尺　（303mm）
3 ft	3フィート	3F	914.4	約3尺　（909mm）
6 ft	6フィート	6F	1828.8	約6尺　（1818mm）
8 ft	8フィート	8F	2438.4	約8尺　（2424mm）
10ft	10フィート	10F	3048.0	約10尺　（3030mm）
12ft	12フィート	12F	3657.6	約12尺　（3636mm）
16ft	16フィート	16F	4876.8	約16尺　（4848mm）

※1インチは、約25.4mm。1フィートとは12インチのことで、約304.8mm。12進法なので注意。本書の図の数字に示されている「'」とはフィートの略。「"」とはインチの略。1フィートは1尺（30.3mm）とほぼ同じ。3尺と3フィートでは約5mm異なる。　明治時代に、地方で長さが異なっていた尺・寸を統一した際に、欧米の単位に近いものとしたことに由来している。2×4は昔は2インチ×4インチだったが、需要が増えた時代に材寸を小さくして現在の寸法になった。

① 材料の運搬（MOVING LUMBER）

〔解決策〕

1. 建物の設計荷重に対して適切な大きさの材を使い、敷居やテラスのように湿気の多い所での使用は避ける。

2. 湿気のあるところに使わなくてはならない場合には、塗装して、金属製のシートをかけて保護することが大切。

3. 土台に使うときには防腐剤を加圧注入した材を使う。

4. 釘は、メッキされた適切なものを使うことを心がける。

②ダグラスファー（米松）

枠材としては一番上等な材料である。私が大工を始めた頃はダグラスファーしかなかった。この材は強く、通直で、重たく、硬い。また、高い耐腐朽性を持つので、土台や縁側（デッキ）にも適している。ダグラスファーの欠点は、それが重たくて硬いというところにある。

〔欠点と解決策〕

1. 重たい（重たいから硬いのだ！）

2. 手ノコで切断するには硬い……〔注意点〕ゆっくりと、着実に挽くこと。

3. 釘打ちが困難…〔解決策〕私は最初の仕事を始める前には、毎日釘打ちの練習をしたものだ。また、握力増強のためにゴムボールを握ることもした。

4. 割れやすい……〔注意点〕板の端に近すぎるところに釘を打たないこと。不必要に太い釘を打たないこと。

材料の運搬

③ ヘムロック（米栂）

　ヘムロックは森の中でも、表面の青い縞模様で見分けられる。乾燥するととても硬くなり、割れやすい。また、かなり曲がる性質があるので、スキー板を作るのなら最高に良いかもしれない。ただし材の収縮で狂いやすいので、屋外デッキには決して使わないこと。ヘムロックには、少なくとも1ついい点がある。それはカンパの木との相性の良さである。カンパのタンスやドアの縁取りに使用すると良い。着色する場合は、まず小片で試してみるといい。

■ 製材の運び方

まずは、腕と肩をまっすぐに…

肩に持ち上げて…

① 材料の運搬 (MOVING LUMBER)

《手順》

① 材料の右わきにしゃがんで腕と肩をまっすぐにする
② そのまま肩にもちあげる
③ 体をまわし、姿勢を落として、右腕をあげて右肩の上にそえる
④ 姿勢を保ったまま移動する
⑤ 腕から転げ落とすか足でおさえておろす

材料の運搬

《解説》

　ちょっとした板切れを持ち上げるのは何でもないが、2 x 10（ツーバイテン 厚さ38㎜、幅235㎜）の板を40枚といったら、ちょっと大変な仕事だ。材木を運搬するいちばんいい方法は、肩に乗せてかつぐ方法だ。一度に2枚ずつ運ぶ"なまけもの運び"が一番能率が良い。2枚ずつ運ぶと運搬工程が一枚運びと比べて半分になる。

　肩に物をのせて運ぶときは、体は進行方向に向いていなければならない。腰の高さで運ぼうとすれば、荷重は歩く方向と足の向きに対して直角になる。もしも2枚を腰の高さで運ぼうとしたら、ハサミのように互い違いに、交叉に開いた状態で荷重がかかるので、力学的に見ても効率が悪い運びかたになる。荷物は足を突っ張ることによって、一方の肩からもう一方へ重心を移せる。　材木をおろすには、右腕から転げ落とすか、放り上げて足でおさえて押しやる。

　まずは、軽い板を使って左右両方の肩で練習してみよう。

肩に物をのせて運ぶときは、体は進行方向に向いていなきゃだめだ。

① 材料の運搬 (MOVING LUMBER)

悪い例

| ひとロメモ | アメリカでは生木の材（生材）や未乾燥の板が用いられることもあり、重量が重くて体を傷めやすい。生材は水分（含水率）によって違うが、乾燥材の重量のおよそ2倍超もある。 |

1 材料の運搬 (MOVING LUMBER)

悪い例

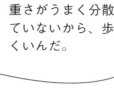
これは不安定な持ち方。重さがうまく分散されていないから、歩きにくいんだ。

持ちやすいほうの手で持ち方を決める

2人で持つときは、2人が別々の持ち方で持つとややこしくなる。2人とも同じ方の手を下にすべきだ。

材料の運搬

悪い例

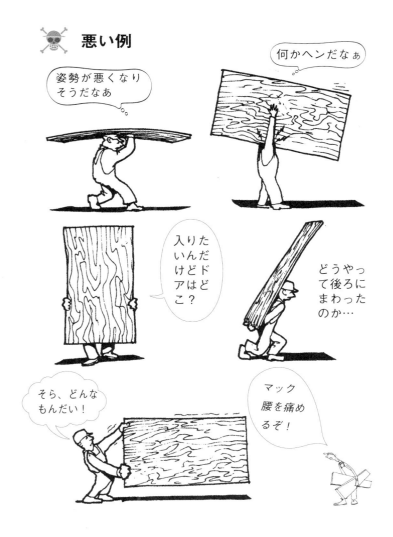

1 材料の運搬（MOVI

ひとロメモ 国内で広く流通している合板の寸法はサブロク板（3尺 x 6尺 910㎜ x 1,820㎜）で日本人の体格に合っていて運びやすいが、北米ではシハチ板（4ft x 8ft 約1,220㎜ x 2,440㎜）なので重い。専用のホルダーを持ち手にはめると楽に運ぶことができる。

ここに合板を落とし込む

ひもで結束されてなければ、仮留めして荷くずれ防止

■ 材料の保管

材木は包装紙や防水シートでカバーしておくことが大切である。小さい板をたくさん用意して、シートの上からその中に包まれているスタック（棚状に積まれた材木）へ釘打ちしておく。これで雨・雪・日差しから材木を守り、荷崩れを防ぐことができる。さらに、このスタックの周囲に合板で壁をつくっておくと、材が盗難にあいにくい。

材料の運搬

木材は、1インチ（約25.4mm）厚の板をはさみながら、交互に交差して積み上げる。このすき間用の板は、垂直に重なるように据え置くこと。そうしないと、薄い板は曲がった状態で乾燥してしまう。良材は、すべて地面に設置しないように積み上げる。

乾燥が足りない木材を積み上げると、こんな風にゆがむんだ

（※米国では生木の材もある）

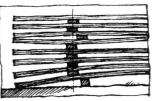

ゴロゴロゴロ

横にしてたら転がらなくなった

防水紙のロールは、垂直に立てて側面を板にのせ、カバーをかけるようにする。寝かせておくと防水紙のロールが楕円形に変形し、うまく回転しなくなる。また、地面に直接寝かしておくと、地面から汚れや湿気を吸ってしまい、ロールが転がりにくくなる。

① 材料の運搬（MOVING LUMBER）

■ 到着前のチェック

　材木を積んだトラックが現場に到着する前に、材木の積み上げに関してどのような注意が必要なのかを考えてみよう。

1. トラックを資材置場の近くまで乗り入れられるか
2. 積み下ろしの利便性
3. 材木の積みなおし
4. スタック（材木の積み上げ棚）から建物の工事現場までの材木の運搬
5. 丸鋸と電柱の位置
6. 組石工事の資材の補給
7. 交通の流れ

材木リスト		
外壁用スタッド	2×6	400/8'
内壁用スタッド	2×4	420/8'
一階床根太	2×10	50/14'
まぐさ	2×10	7/12' 10/14'
二階床根太	2×10	50/14'

　重機やクレーンが入るスペースはあるのか。仮設の事務所やトイレが建てられるスペースがあるのか。配達料はいくらか。確認して材料置き場のスペースを確保しよう。

材料の運搬

■ 曲がった木材をチェック

　曲がり材については、その曲がりの出っ張る側（両端）に×印を付けておけば、後から探すことがない。柔らかい鉛筆か木材用クレヨン、又はフェルトペンを使うとよい。

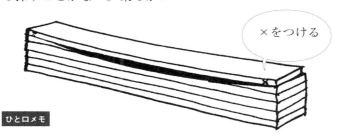

ひと口メモ

　歪んでいる木材は多い。はじめに歪みの度合いを確認してから、どこに使うか考えよう。歪んでいるだけではなく、曲がっていたら、チョークで印をつけてまっすぐに切れば使える。

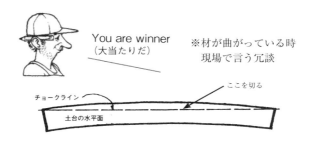

❷ 土台（SILLS）

　建築にあたっては、土台はいちばん重要な工程である。土台の直角部分と水平部分の組立が完璧にできていれば、その後の工程はかなり楽なものとなる。

■土台を設置する工程

1. 平面形の正しい直角をつくる
   （梁行と桁行との直角の確保）
2. 土台の内側の角を確定する（壁の内面の交点）
3. 土台の内側の端に印をつける（壁の内面の交点）
4. 土台の材料を取り付けるべき所に配置する
5. 土台にアンカーボルトの位置を決めドリルで穴を開ける
6. 土台をセットする。
7. 土台を水平にする。
8. 白蟻落としをつける

> 土台の寸法精度が悪いまま建てると、木材や合板が全部合わなくなってとんでもないことになるぞ。

ひとロメモ　**アメリカの基礎**

　日本の基礎工事では、最初に測量して水平レベルをとって水糸を張り（水盛遣方）、土をとり（根切り）、コンクリートを流して（捨てコン）、配筋する。本書で紹介している方法は、昔の日本の住宅の基礎と同じような鉄筋なしの基礎なので、今日の仕様とは異なるが、簡単な測量で精度の高い土台を作ることができる北米流セルフビルドのやり方だ。

26

土台づくり

ひと口メモ

北米の住宅の床下の事情

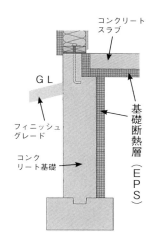

アメリカやカナダでは、本書のように床組みをするのが基本であるが、1990年代以降は、床の施工精度の不良や経年変化によるたわみを安価な労力とコストで解決するために、1階を床組みせずにコンクリートを流し込んで土間床にする「スラブ・オン・グレード」という工法が増加した。スラブ・オン・グレードでは、コンクリートで断熱性・蓄熱性の高い床下構造を比較的安価に作ることができる。ただし、給排水の配管の腐食が起きた際に、コンクリートに埋め込まれているので交換が困難となり、維持管理性でデメリットがある。

日本ではツーバイフォー工法（枠組壁工法）で長期優良住宅を建設する際には、配管の維持管理対策が審査される。床下点検口のないコンクリートの土間床は、構造計算を必要とすることもあり普及していない。

この他、北米、特にカナダでは地下室を設けて、その上に床を敷く工法も多く見られるが、日本では地下掘削のコスト高の事情などがあって、採用例は少ない。

床組みの強度を高めるためにCLTやLVLを使う設計も増加しつつある。

2 土台 (SILLS)

■ 基礎の測り方

　基礎ができたら、精度がどのくらいあるのか測量しよう。まず、各区画ごとにその幅寸法と奥行き寸法を測る。対辺が等しく、対角線も等しいなら、その基礎の直角はできているということになる。もしも、できていなければ、修正調整をしなければならない。

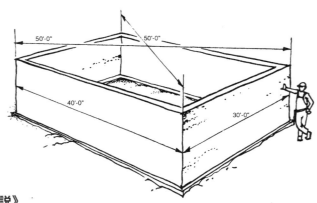

《解説》

　正確な対角線の長さは数学的に求められる。$a^2 + b^2 = C^2$（ピタゴラスの定理）※という計算式で楽に求められる。ともかく、正確な寸法が得られるまで角の位置を調整しなければならない。

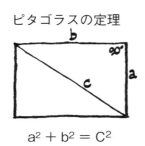

ピタゴラスの定理

$a^2 + b^2 = C^2$

土台づくり

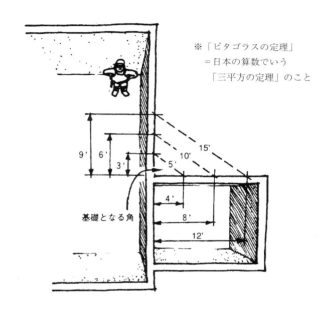

《解説》

　単なる長方形でない基礎の場合には、直角を確かめるために3:4:5の三角形を使って測ると便利である。

　主たる基礎の直角が出たところで、適当な壁から3:4:5の三角形で直角を出すことができる。

　3:4:5の三角形は、$a^2 + b^2 = C^2$ ($3^2 + 4^2 = 5^2$) を満たす直角三角形である。

29

2 土台 (SILLS)

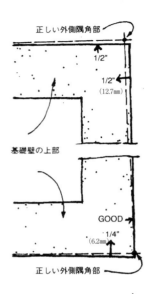

角が決まったら基礎に印をつける。

もしも、コンクリートから 1/2 インチ (12.7mm) 外側にずれていたら 1/2 インチ↑、コンクリートの内側に 1/2 インチずれていたら 1/2 ←、ちょうどだったら "Good" と印をつけるとよい。

■壁の内側の面に印をつける

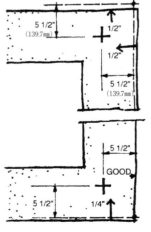

土台材の短い木切れを隅角、つまり正しい隅角部に当て、基礎部分に壁の内側の線の印をつける。

マーキングには釘を使ってかき傷をつけ、両側から十字を書くようにして正しい内側隅角位置を求めるとよい。

土台づくり

■土台の内側位置に印をつける

内側の隅角位置が決まったら、それらの隅角位置をチョークで結ぶ（※墨壺を使って線を引くのと同じ意味）。これが土台の内端となるもので、土台を据えつけるときの基準となる。基礎がどのように造られているかは問題ではない。

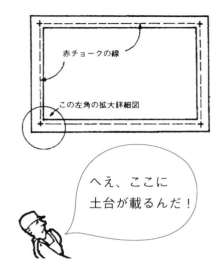

■アンカーボルトの位置

①出隅に対して適正な位置にある側壁のボルトに沿って、土台を直角に配置し、ボルトの中心線を土台の上に記す。

31

2 土台 (SILLS)

② ボルトの中心線から、墨心（壁の内側面）までを計測し、土台材のドリル位置を決める。1/2インチ（径12.7mm）のボルトを使う場合は、後から調整できるように7/8インチ（約22.2mm）の穴をあける。

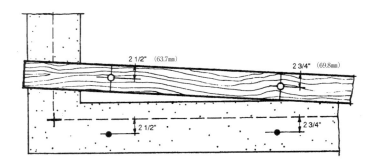

ひとロメモ 土台の材料について

土台に最適な材料は、防腐・防蟻剤を加圧注入したもので、アメリカのほとんどの州では、薬剤加圧注入材の使用が義務づけられている。

日本の住宅における土台においては、米国と同様に防腐・防蟻剤を加圧注入したものが主流。薬剤を使わない土台にこだわる家では、防虫効果のあるヒノキやヒバの土台を用いることもある。一般的にパイン（松）系の材は食害に弱いとされている。強度のあるダグラスファー（米松）やヘムロック（米栂）に防腐剤を加圧注入して使うことが多い。

土台づくり

■曲がったボルトの直し方

曲がったボルトが数本あるのは普通のことである。（※日本では±2.5mm以内のずれなら許容範囲）

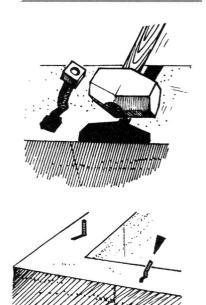

木づちでたたいてまっすぐに直す。ボルトをたたくと傷めたり折れたりするので、ナットを取り付けて、そのナットをたたく。

■土台の組み立て

端に取り付ける土台材を1枚取り上げ、チョークで引いた線に沿って並べ、正確に出隅を合わせて据え付けてから、ボルトでゆるく止める。次の材は、最初の土台材に対して突き当てるようにして、ボルトの位置は同じようにする。

33

② 土台 (SILLS)

■ アンカーボルト専用の治具(じぐ)

土台に設けるアンカーボルト穴の位置決めは、この道具を使うと容易である。土台の外側面を墨心に沿わせて土台を置き、アンカーボルトの位置決め具を用いて、アンカーボルトの位置に先端をあて、ハンマーでアンカーボルトの位置を定める自打用ネジ部をたたく。

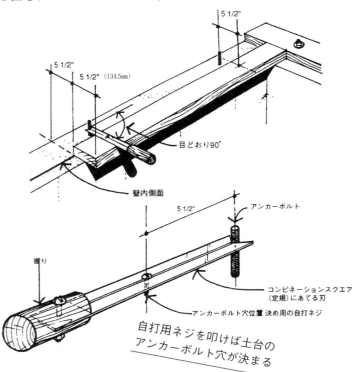

自打用ネジを叩けば土台のアンカーボルト穴が決まる

34

土台づくり

■土台の水平を測る方法

①チューブ式 水準器

　水平を出すために使用する道具は、液体の入ったチューブの水準器である。透明で長いビニールホースに、色のついた不凍液を入れたもので、最も正確に水平が出せる。園芸用ホースに取り付けるものもあるが、園芸用ホースを使った場合は、気泡が邪魔になることがある。気泡が入っていると、水平位置の読みとりは正確でなくなる。

　このチューブの使い方は非常に簡単である。一方の端を基礎の高いところに合わせて、もう一方を壁に沿って、いろいろなポイントに動かすと、チューブの両端で液高は水平になろうとするので、壁の高さの差がわかる。この高さの差を壁に書いておくこと。例えば＋1/2インチ（±12.7㎜）、－1/4インチ（－6.3㎜）など。

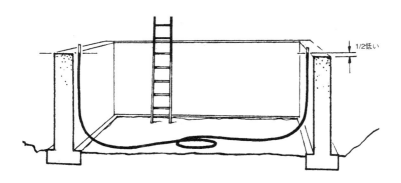

35

② 土台 (SILLS)

②視準器を使った測量

視準器もセッティングにさえ注意すれば、同じくらい役に立つ。セッティングでは視準距離を短くすること。これが長ければ長いほど、誤差は大きくなってしまう。

低い基礎の場合、都合のいいことに機器を基礎の内側（中心）に合わせることができる。

外側に設置する場合は、長辺に沿って合わせ、視準距離をなるべく短く均一にする。

土台づくり

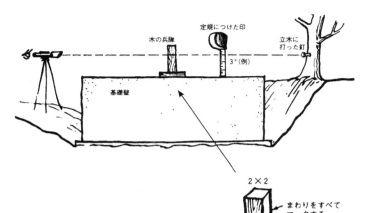

　三脚の足を蹴飛ばしてしまうこともあるので、簡単に確認できる基準点をとること。立木に釘打ちをして作ったものでもいいし、固定線が得られるよう定規でも木の兵隊でもかまわない。

　照準が基準点（立木に打った釘・定規につけた印―木の兵隊につけた印）に当たっている限り、すべては順調と言える。機器を別の点に移動したときは、新しい基準点を設けなくてはならない。そのつどチェックを怠らないようにする。ずれたら、全部やりなおしになるので注意が必要だ。

　大工の古い格言によれば、『2回測って1回で切る』のが、腕の良い大工だと言われてきた。確認は入念に2回、作業は1回で済ませよう。

2 土台 (SILLS)

■土台の水平を出す手順

土台は見た目は水平でも、視準器を使ってよく見ると曲がっていることが分かる。次の手順で土台の水平を出していく。

1. 高い点を見つけること。
2. 定規の目盛りを読みとること。
3. ボルトごとに目盛りを読みとり、ならし用注入モルタルのための高さ$1/2$インチ（12.7mm）を見込むこと。
4. ボルトごとに必要な厚さの飼木を用意すること。
5. 注入モルタルの付着が良くなるように、基礎の上面をセメントウォッシュに着色すること。
6. モルタル層を正しい位置に置くこと。
7. 土台を置くこと。
8. モルタル層の露出した面を処理すること。

これらの8つの手順について、以下のページで詳しく解説する。

土台づくり

1. 土台を正しい位置に置いて、高い点を見つけること。土台が基礎に間違いなく接しているか注意すること。

2.3. 定規の目盛りを読みとって、モルタル層の分として1/2インチ(12.7mm)を加えること。モルタル層は2つの役割を持っている。それは目止めをすることと構造を支えることである。すべてのボルトを同様に1/2インチ加えることを忘れないようにして、土台に寸法を記録しておくこと。

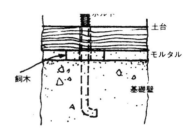

ボルトと飼木の断面

4. ボルトごとに必要な厚さの飼木を用意する。各ボルト位置で、飼木を2インチ角（50.8mm角）1/2インチ厚（12.7mm）の大きさに切ること。

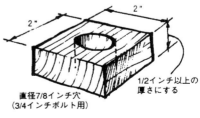

2 土台 (SILLS)

5. 水で薄めたペースト状のセメントで、基礎の上面を塗ること。

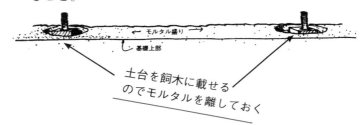

6. 7. 調合のモルタルをよく混ぜて、基礎の壁の上に盛ること。土台を飼木のところまで押し下げられるように、モルタルは柔らかいままにしておく。飼木の上にモルタルが入ってしまうと、土台材が飼木にのらなくなるので、モルタルは飼木から離しておくこと。

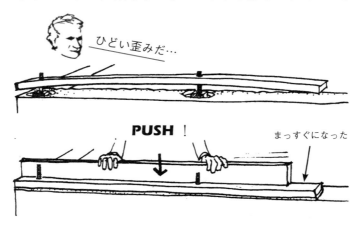

土台づくり

8. 最後に押し出されたモルタルをきれいにして、こてでならすこと。

シロアリ防止プレート（次ページ参照）をつけない場合は斜面仕上げとする。

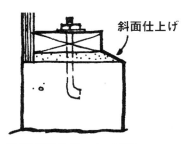

外壁材が外面に揃っている基礎

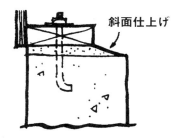

外壁材が外面の外にある基礎

ひとロメモ 土台の通気について

土台となる木材には、防湿処理、腐朽対策、防蟻対策が欠かせない。日本で作られる住宅では、「ねこ土台」と「水切り」による処理が一般的。ゴム製の基礎パッキンの間から風を通すことで、湿潤による腐朽等から土台を守る。基礎断熱をする時は、木部とコンクリートの間に防湿フィルムをはるのが一般的。

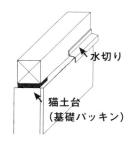

日本で土台すき間にモルタルを押し込む方法は、高気密・高断熱の住宅で用いられる基礎断熱工法でたまに見られる。

2 土台 (SILLS)

■白蟻防除法ーシロアリ落としー

　白蟻被害の恐れがある場合は、銅板による白蟻防除が欠かせない。白蟻落としには、20オンス（約28.3g）の銅板が最も適している。

①高度なシロアリ落とし

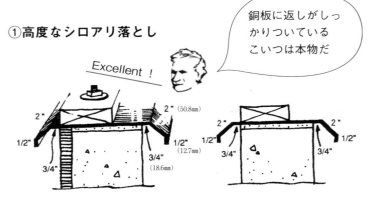

> 銅板に返しがしっかりついているこいつは本物だ

　白蟻の害が多数みられるときは、この白蟻落としが一番よく、最高の白蟻防除能力を発揮するが、コストは最も高くなる。

ひとロメモ　シロアリ落としとは…

　銅板を挟み込むアメリカ式の方法。銅には雑菌の繁殖を防ぐ優れた触媒効果がある。日本では土台に用いる防腐木材にすでに銅の成分が含まれているので薄緑色をしている。また、寺社仏閣などの伝統建築では太い柱に銅の金物をつけることがあり、腐朽防止の効果がある。

土台づくり

②一般的に用いられる白蟻落とし

2 1/2" (63.5mm)
1/2" (12.7mm)

Good !

銅板の両端が曲がってるから
シロアリが蟻道をつくりにくいぞ

ほとんどの場合は、この白蟻落としで効果がある。

■金属板の曲げ方

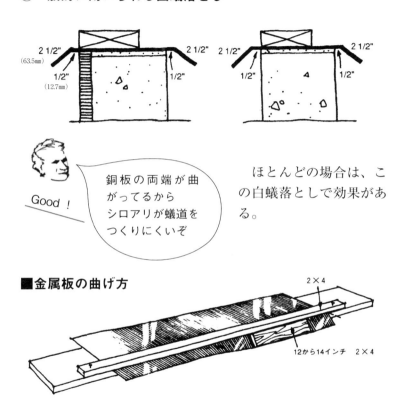

2×4
12から14インチ　2×4

　金属板をハンマーでたたいても、きれいには曲がらない。金属板の加工作業場にある作業台のようにすれば、きれいに曲がるし、仕事も早い。

43

土台づくり

■ 銅板の接合の仕方

ロックシーム（コハゼ継手）

　アンカーボルトの位置を定めてから穴をあけ、最初の1枚を所定の位置にセットする。続いて、次の1枚を端が重なる（銅板なら1インチ間隔、アルミ板なら1/2インチ）ようにし、ボルトの位置に穴を開けて、基礎の上に設置する。すべてを所定の位置にセットできたら、接合部分をきれいにして、銅管のようにはんだづけする。

ひとロメモ　シリカゲルの効果

　アメリカでは建設中に、乾燥剤であるシリカゲルを建物の周囲一帯に散布する。シリカゲルはドライフラワー作りや梱包、冷蔵の時にも用いられる高吸湿性のもので、白蟻の外郭殻に触れるとそこに穴を開け、白蟻を脱水させてしまう。シリカゲルの影響を受けるのは外郭殻を持つ昆虫で、蚤にも効果がある。しかし、昆虫以外の生物には無毒無害で安心である。

　日本でもリフォーム工事では、床下の腐朽対策として防湿剤をまく工事がよく見られる。

3 根太（JOISTS）

■プラットフォーム工法とバルーン工法

　本書ではツーバイフォー工法の基本的な床組みであるプラットフォーム工法をマスターする。プラットフォーム工法では、外壁部の縦枠材（スタッド）は各階ごとに根太と側根太で分断されるようになっている。

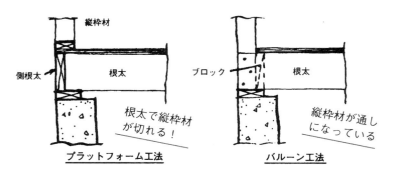

ひとロメモ　2つの工法

　北米エリアで用いられている工法は、ツーバイフォー工法（枠組壁工法）であり、これを分けると、2つの工法に大別される。一つは先述した、「プラットフォーム工法」であり、もう一つは「バルーン工法」である。セルフビルドの合理化工法として第二次大戦後にプラットフォーム工法が普及した。それ以前はバルーン工法が主流だった。バルーン工法では1階から高層階（2階・3階）までひとつなぎの縦枠材（又はパネル）でできている。日本の在来軸組工法に例えると、2階・3階まで

根太（ジョイスト）

通し柱（一本の柱）のように縦枠材が継ぎ目なく伸びている。バルーン工法では、スタッド（枠材）が基礎レベルでは土台の上に乗り、根太の部分で分断されることはない。そ

れ以外の層では小梁上に乗るように取り付けられるので、スタッド（縦枠材）は根太部分で分断されない。プラットフォーム工法は、各階ごとに根太と側根太で分断される。

◇プラットフォーム工法

　・メリット…　短尺材だけで建設が可能で資材輸送が容易
　・デメリット…各階ごとに縦枠が切れる
　　　　　　　　（階数が増えると地震の揺れに弱い）
　　　　　　　　工事中に雨が降ると屋根がかかっていない
　　　　　　　　ので１階床組みが雨に濡れてしまう

◇バルーン工法

　・メリット…　縦枠が連続しているので強度に優れている
　・デメリット…縦枠に材寸の長い材やパネルを必要とする
　　　　　　　　トラックでの輸送がかさばる
　　　　　　　　長尺材が多いので一人で施工できない

ひと口メモ

　日本の住宅市場では、道路交通法上、長尺パネルは運搬が困難となることなどからバルーン工法は導入されなかった。プラットフォーム工法で

３階建以上を建てる際には上階と下階にロッド付きのホールダウン金物を通して耐震性を高めている構造を多く見かける。

根太（ジョイスト）

■ 曲がり材がないか入念にチェック

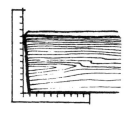

まず、端が直角であるか確認しよう。必要に応じて両端とも確認しよう。

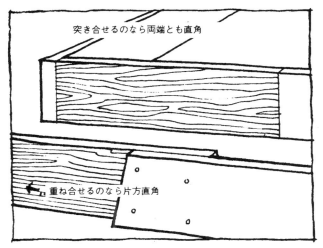

突き合せるのなら両端とも直角

← 重ね合せるのなら片方直角

突き合わせるのなら両端とも直角にする
重ね合わせるのなら片方のみ直角でいい

③ 根太（JOISTS）

曲がり材については、その曲がりの出っ張る側（両端）に×印を付けておけば、後から探すことがない。

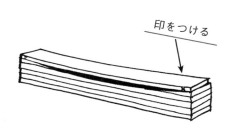

長さを測るときは、常に直角になる端から測ること。

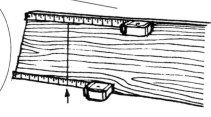

端に付着している木片やゴミに注意すること。特に端に引っかけて使うメジャーの場合、誤計測の原因になってしまう。

根太（ジョイスト）

■側根太と土台の接合

曲がってても釘で押さえる

　側根太には、できるだけまっすぐな材を使う。材が少々曲がっていても釘で押さえれば使える。土台がきっちりと直角で水平なら、根太と側根太を接合することはやさしい。

少し外側にして釘打ちする

引っ張りに抵抗！

力

　釘を斜め打ちするときは、最終的に側根太が正しい位置に収まるように、側根太を土台のやや外側に材をセットして釘を打つこと。材ではなく、釘を打つように注意すること。釘に引っ張り力が働くようにすること。

3 根太（JOISTS）

打ち込んだ結果、また側根太が土台の外側に出てしまう場合は、もう1本釘を打ち込むこと。必要ならさらにもう1本釘を打ってよい。ただし、お互いの釘を離して打たないと材が割れてしまうので注意すること。

■根太は曲がりの出っ張る側を上にする

根太は曲がりの出っ張る側を上にして使う。今まっすぐでなくとも、床材の重量でやがて平らになっていく。ただし、根太材の高さをバラバラに選ぶと、高い根太と低い根太が隣り合ったりしてデコボコの床になってしまうので要注意。

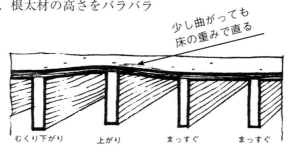

根太（ジョイスト）

■ 曲がり材の見つけ方

　材の曲がりを見るには、材が積まれているときにその長さ方向を見る。現場では一本ずつ曲がりをチェックすることが多いが、積まれている時に見て、印をつけておいた方が効率的である。

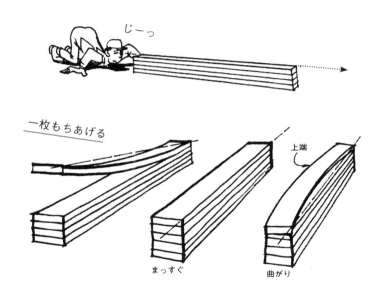

　1番上の材の一端を持ち上げれば、その材はたわみ、基準となる線を見つけられる。

51

　根太 (JOISTS)

■ 墨糸で根太のずれをチェック

それぞれの端の根太材は、まっすぐになっていないといけない。これを判定する時には、隅から隅へ墨糸を引っ張ってみるとよい。糸が根太に触れないように3/4インチ（19mm）の厚さのブロックをあちこちに当ててみれば、根太がどの程度ずれているかがわかる。

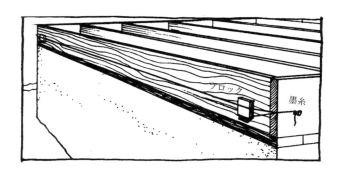

■ 根太のずれは筋かいで直す

根太をまっすぐに直すには、筋かいを入れる。いつでも抜けるように、釘は奥までは打ち込まないようにする。

根太（ジョイスト）

■ 根太の位置決め

　側根太と端根太がうまくまっすぐになったら、残りの根太もまっすぐにできる。1x3材（19mm x 63mm）の下地材を持ってきて、側根太位置での根太の間隔を写し取る。そうして側根太から5～6フィート（約152.4cm～182.8cm）移動して、それに従って根太の位置を決めて留める。この時、合板が1枚ごとに入れられるように、合板サイズ分は最低離してから位置決めをする。合板つなぎ部分はすき間を開けておく。

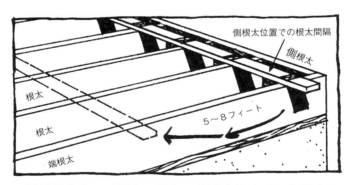

下地材を使って根太の正しい位置を決めてから留める

ひとロメモ　根太の間隔について

　根太の間隔は合板のサイズによって変わる。
　北米だと4x8フィート合板（1,220 x 2,440mm）なので406mm間隔で根太を6本おく。

③ 根太（JOISTS）

　日本だと3 x 6尺合板（910mm x 1,820mm）が主流なので、日本では455mm間隔で4本置くのが通例である。

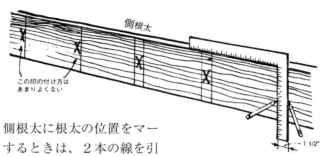

　側根太に根太の位置をマークするときは、2本の線を引き、その真ん中に×印を付けるのがコツ。1本の線で×印を付けると、線の反対側に根太を取り付けてしまう間違いがよく起きる。

■ 曲がってるな…と思ったら

　根太の端が直角でない場合には、側根太の上面はまっすぐにならない。

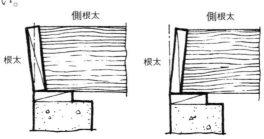

根太（ジョイスト）

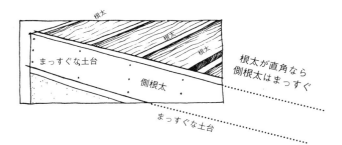

土台がまっすぐなら側根太は底面でまっすぐだし、根太の端が直角なら側根太の上面はまっすぐになる（上図）。

敷土台に付けた墨糸に従って根太を取り付けていけば、側根太はまっすぐになり、セットも容易である。

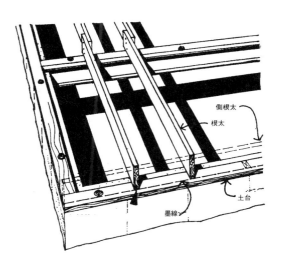

③ 根太（JOISTS）

■ 根太の釘うちのコツ

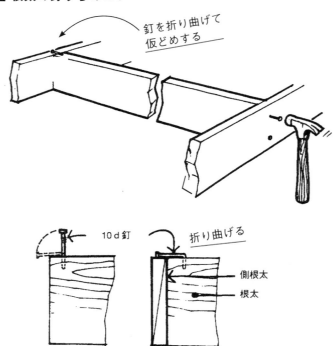

　根太を1人で釘打ちするときは、仮打ちした釘を折り曲げることで材の反対側を支えておくことができる。私はこの方法で2×8の12フィート（厚38㎜ × 幅174㎜ × 長さ3,657㎜）圧縮材を取り付けたことがある。

根太（ジョイスト）

■ つなぎ板材のとりつけ（ブリッジング）

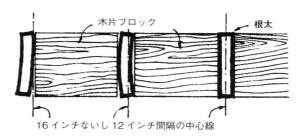

16インチないし12インチ間隔の中心線

　根太を設置した後は、根太間につなぎ板材（ブリッジ、ブロックとも言う）を入れる。

　計算上の寸法は、16インチ（約40.6cm）間隔に対して14 1/2インチ（約36.8cm）、12インチ（約30.4cm）間隔なら10 1/2インチ（約26.6cm）だが、気持ち程度（1/16 inch〔1.5mm〕位）短く切り、試しにいくつかはめてみると良い。

　はめてみた後に、根太に沿ってなめるように観察して、根太が曲がっていないことを確認する。

3 根太（JOISTS）

つなぎ板材は、建物が完成するまで固定しない方がよい。つなぎ板材を固定させないでおくと、根太が均等になって落ちつくようになる。

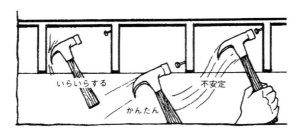

根太間隔16インチに対して2 x 8インチ材の場合

つなぎ板材の固定は難しい。ハンマーは、うまい弧を描いて正しいタイミングで打たないといけない。試行錯誤して試してみること。

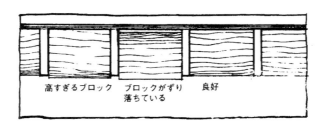

つなぎ板材が根太の下から出っ張らないようにセットし、出っ張ってしまったものは手斧で切り落とす。

58

根太（ジョイスト）

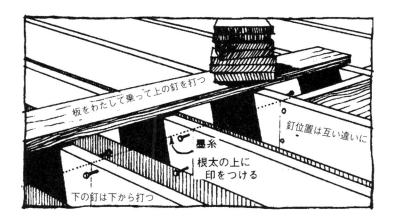

つなぎ板材を入れるにあたっては、あらかじめ釘を打っておくといい。

上の釘を打つときは、ブロックを入れる中央の線（墨糸で印を付けてある）に沿って板を渡し、その上に乗って打つこと。ブロックの位置は互い違いになるので、釘も互い違い（手前右側からと奥側左側から）に打つ。

下の釘は下から打つのがいちばんよい。先ほどの板にブロックと釘を用意して、上の釘だけで所定の位置に固定する。

その後に、根太へ押し当てるようにブロックを強く引っ張って位置を定め、下の方から下の釘を打ち込む。

③ 根太（JOISTS）

■ つなぎ交差筋交いのとりつけ

床合板と根太の接合部を補強するために、つなぎ交差筋交い（ブリッジ）を入れて補強することがある。

1 x 3（19㎜ x 63㎜）ないし1 x 4（19㎜ x 89㎜）の材を使う。現場に冶具をセットしておけば、仕事の最中に切るのは難しいことではない。いちばん簡単な方法は、いらない根太材にそのサイズを書き込んでそれに材を当てる方法である。交差の角度と長さがわかっていれば、セットができる。切断したら、上下2本ずつの釘で、突っ張りに予備釘打ちをしておく。

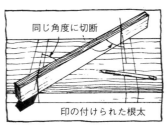
同じ角度に切断
印の付けられた根太

予備釘打ちをしておく

ひとロメモ　ブリッジとは？

北米の古い住宅を解体すると壁や床に交差筋交いをよく見かける。これをブリッジという。北米では合板が普及する以前は、壁や床を補強するために多く用いた。今でも補強に使われる。ここでは昔ながらのやり方を教えている。

根太（ジョイスト）

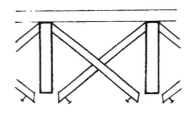

次に墨糸に沿って、つなぎ交差筋かいの中心に印を付けながら根太の上に板を置く。

板の上に予備釘を打ってあるつなぎ交差筋かいを置いて、上の方だけ釘打ちする。

つなぎ交差筋かいの下端が、根太より少し上に来るようにすると荷受けが良くなる。

角が引っ掛かって狭い個所にブロックが入らない場合には、この角をハンマーで叩いて丸める。

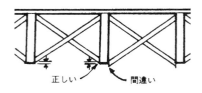

こうすれば入りはじめが少し楽になる。これでもダメな場合は、反対の角もならしてしまう。

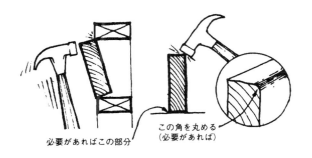

④ 床版とデッキング（DECKING）

■床下張りのポイント

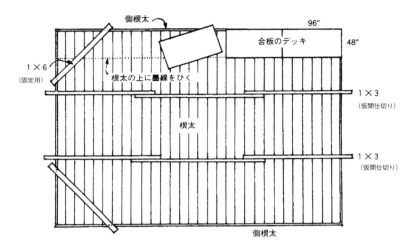

　根太上で側根太から96インチ（2,438mm）x 48インチ（1,219mm）に当たるところに墨糸で印をつけて、シハチ合板（4 x 8フィート 1,220 x 2,440mm）をその線に合わせて置く（※日本の合板サイズはサブロクで910mm x 1,820mmが主流）。側根太は一見まっすぐに見えても、墨糸の線の方がまっすぐである。何枚か置いて上を歩けるようにする。端が支えられているように注意すること。

　最初の一列に合板を並べるが、釘はすぐ抜けるように浅く打っておくこと。合板が平らになるように、それぞれの角に釘を1本ずつ打つ。

床版（デッキング）

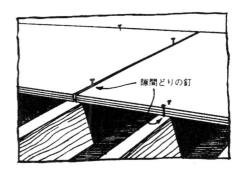

隙間どりの釘

さらに1×3材（19mm×63mm材）で仮の間仕切りや区切りを入れながら合板を並べる。これが必要である理由は、最終的に合板が根太に来るように調整しなくてはならないからである。

何列か調整を終えたら、間仕切りに使っていた釘を打ち込む。また、ところどころから飛び出しているつまずきの元をなくす。

板を動かすときは、動かしたい方向にジャンプして動かす。

床版（デッキング）

　残りの合板を置き、位置を調整する。根太の中央線上のデッキにチョークで線を引き、そこに釘を打つ。

　板を動かすときは、動かしたい方向にジャンプして動かす。動かしたい度合いによって勢いを変えるとよい。ちょっとした力では少し動き、大きい力を入れるとたくさん動く。

　デッキが設置されて釘でとめたら、高さ計測器（トランシット）と木の兵隊で水平を確認する。

　水平に問題がなければ、これでプラットフォーム（床版）の完成だ。

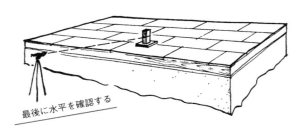

最後に水平を確認する

5 外壁（EXTERIOR WALL）

■ 外壁の位置決め

　土台を直角に組み立てた後でも、外壁をつくるにあたって、さらに別のチェックが必要となる。

　外壁の縦枠材（スタッド）に使う材料が、2 x 4材または2 x 6材などのいずれの材料である場合でも、そのスタッド材を使って壁の外側面の位置を決めてから、壁の内側面の位置を決めて印を付けておくようにする。この外壁の内側面の位置を示す線は、壁の交差する部分では交差するように墨線を引くこと（下図参照）。外壁は、床版がどのようにつくられているかにかかわらず、この墨糸で描かれた線に従って建てられることになる。土台と根太が注意深く施工されていれば、外壁の外側面は、床版の外側面ときれいにそろうことになる。

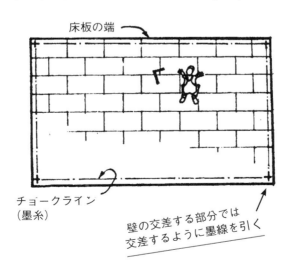

床板の端

チョークライン
（墨糸）

壁の交差する部分では
交差するように墨線を引く

外壁の設置

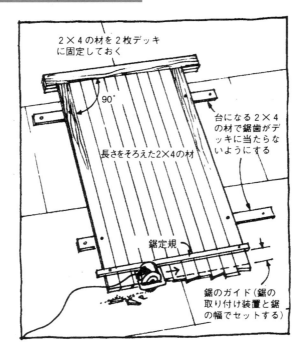

2×4の材を2枚デッキに固定しておく

90°

台になる2×4の材で鋸歯がデッキに当たらないようにする

長さをそろえた2×4の材

鋸定規

鋸のガイド（鋸の取り付け装置と鋸の幅でセットする）

　外壁は床版の上につくられ、合板で覆われ、所定の位置に置かれる。合板を使わない場合には、隅角部に筋かいを入れなければならない。

　たいていの製材工場では、プレカットしたスタッドを取り扱っている。割高ではあるが、工事を早く終わらせたい場合には、それだけの値打ちはある。テーブル付きのラジアルアームソー（電動鋸）を現場に持ち込んで加工する方法もある。

外壁の設置

■ 上枠材と下枠材の張り方

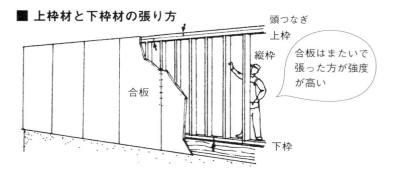

　上枠と下枠の長さは、4×8フィート合板（1,210×2,430mm）のサイズに合わせて48インチ（1,219mm）である必要はない。なぜかというと、どこでもつなぐことができるし、二重のトッププレート（上枠と頭つなぎ）と合板が別の枠材にまたがって張られることで、枠材と合板とをしっかり接合するからである。

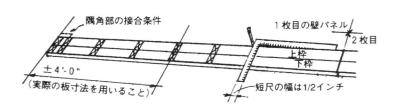

　壁全部について、上枠と下枠の両方にスタッド（縦枠）の位置をマークする。これをする時は、上下の枠材をくっつけて並べておくと良い。

67

⑤ 外壁（EXTERIOR WALL）

上枠と下枠は2枚組みで一緒に切るようにする。

■ 開口部のつくり方

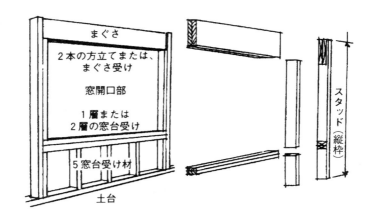

①記号を付けてマーキング

　扉、ドアなどのすべての開口部について、土台、まぐさ、方立て、まぐさ受けを切って用意する。これには記号をふり、必要なときにすぐ使えるようにして脇によけておく。

　この作業に電動丸鋸が使えない場合は、スタッドの時に使った治具を適当な長さにセットし直して使う。

　正確な寸法を得るには、スタッド上に土台やまぐさの位置をマークしておくとよい。

外壁の設置

②端材の枠材で寸法を調整

　開口部の寸法調整の枠材には、まぐさや土台材のブロックを使う。2 x 10(38 x 235mm)のまぐさ材なら9 1/4インチ（234.9mm）から9 1/2インチ（241.3mm）の枠材になるし、2 x 4材（76mm厚）なら2枚で3インチ厚（76mm厚）になるが、必ずそうなるともいえない。重ねたときに、これらの増分は、累積するからである。

　各窓について1セットをカットしたら、スタッド上でその寸法を確認すること。

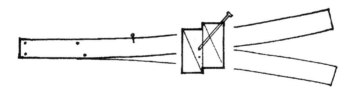

　2枚の2 x 4材を釘で合わせるなら、狂った材を使う絶好の機会である。狂った向きを逆にして端からはじめて、斜めに釘を打つようにして合わせていく。

③すき間を埋める

　まぐさは遊びがある必要はないので、1/2インチの石こうボードを使ってドライウォールを内側に詰める。

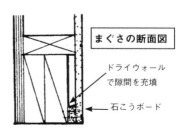

まぐさの断面図

ドライウォールで隙間を充填

石こうボード

69

5 外壁 (EXTERIOR WALL)

④窓まわりの断熱の強化

　窓まわりは特に熱が逃げやすいので断熱強化をしておくのが得策だ。

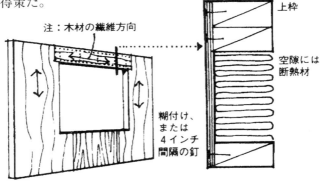

ひとロメモ　まぐさ・窓枠・玄関開口部の作り方の違い

　日本と北米の住宅づくりは、まぐさや窓回りでも違いが見られる。北米では、ダグラスファーやヘムロックの2x10などの大きな材を入れて手間をはぶいて作ろうとするが、日本では安価な規格材に合板をサンドイッチ状に挟んで釘打ちしてまぐさを構成することが多い。石こうボードにドライウォールを詰めるのは、窓の飼木から熱が逃げないように断熱・気密にこだわる北米式のやり方だ。また、日本では玄関土間を作る際に下枠を切断するが、構造的に弱くなる。北米オリジナルでは切断しないので要注意。

外壁の設置

■ 壁のつくり方

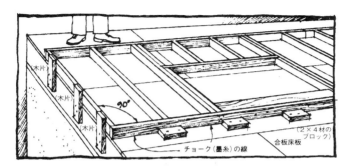

　壁をつくる作業は、すべてプラットフォーム（床版）の上で行う。プラットフォームは雨さえ降らなければ絶好の加工スペースになる。

　まず、建物の長さ方向に、床版の縁と平行な線を引く。この線上に2×4材のブロックを「ストップ」用に固定する。上枠は、このブロックに合わせてつくることになる。床版の端に木片を3つ固定しておけば、壁を組み立てる間は直角を確保することができる。

≪作業手順≫

①壁全体の対角線長さが等しくなっているかチェック。
②上枠が、ストップ用のブロックに強く押しあてられるようにしながら、下枠を床版に斜め釘打ちにする。床版への斜め釘打ちは、すぐに抜けるよう浅く打っておく。
③合板を、きっちり隣り合わせに突き付けて止める。

5 外壁（EXTERIOR WALL）

各壁パネルとも枠材がきつくなったり、壁がむくれて出っ張らないように気を配らなくてはならない。

なお、ここでは湿気による膨潤と湿潤は考慮に入れなくて良い。

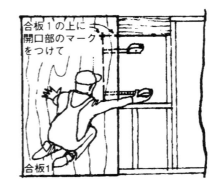

注意すべき点として、合板が重なり合う枠材には、釘を打たないこと（材が完全に一体では重くて持ち上げられないため）。

扉やドアなどの開口部には、その開口部の形に合わせて合板に印をつける。

電動丸鋸を使えば、壁を床版上に平らに寝かせている間に、切り抜くことができる。

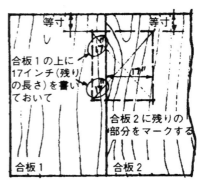

72

外壁の設置

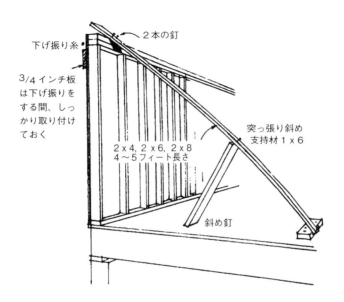

- 2本の釘
- 下げ振り糸
- 3/4インチ板は下げ振りをする間、しっかり取り付けておく
- 突っ張り斜め支持材 1 x 6
- 2 x 4, 2 x 6, 2 x 8　4〜5フィート長さ
- 斜め釘

■壁のたて起し方

　突っ張り斜め支持材は、1 x 6材（19㎜ x 140㎜）、長さ16フィート（4,876.8㎜）の板で、壁がまっすぐになるように壁の上梓に釘で留めてあるものである。この突っ張り斜め支持材の中ほどを50インチ（1,270㎜）の2 x 4材で押したりたわめたりして壁を引き起こす。

73

5 外壁 (EXTERIOR WALL)

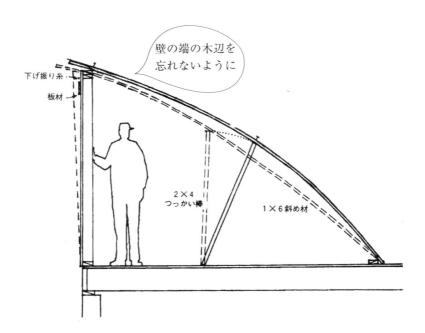

　この方法を使えば、1人でも確実に壁を垂直にできる。突っ張り斜め支持材をたわませ、正しい位置に仮留めし、下げ振り糸から3/4インチ(19mm) 離れているかチェックする。新しい壁を建ち上げるたびに互いに影響し合うので、突っ張り斜め支持材はそのつどチェックしなくてはならない。そのため、定期的にチェックできるように糸を張ったままにしておく。壁の端に3/4インチの木片を忘れないようにすること。

外壁の設置

■壁の不陸調整方法と固定方法

　中央ユニット壁パネルは、窓の開口部のところに突っ張り斜め支持材を入れる。根太に打ちつけた2×4のブロック材と斜め支持材があれば良い。もしも床版の沈み込みによって単位壁パネルがうまく並ばないときは、飼木で一直線に並ぶように調整する。

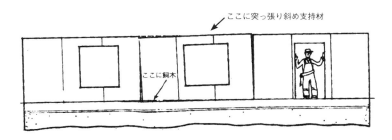

　すべてのユニット壁パネルの位置調整が済み、隣の壁を建て上げるスペースをとって床版から突っ張り斜め支持材で支えられている状態になったら、ユニット壁パネルを互いに固定する。

　隅のユニット壁パネルは、正しい位置に建ち上げて下枠を留める。壁パネルの隅角部をそろえて釘打ちし、双方で鉛直を確認する。パネルがきちっと四角形で床版が水平なら、ぴったりにそろうはずである。

壁の断面

5 外壁 (EXTERIOR WALL)

　全部の壁が所定の位置に決まったら、下枠を釘と根太と側板太まで届くように固定する。

> 根太や側根太があるところでは、下枠はそこに釘固定する

上から見た図

　この時点で外壁の対角線を測り、双方の長さが等しく真四角になっていることを確認する。調整するときは、長い方の対角線を引っ張るウインチを使う。釘打ちのゆるんでいる端や下枠、隅角部の釘、ゆるんだ釘や足りない合板などについては、この段階で補正し仕上げておく。この段階で補正しておけば忘れることは少ない。

　壁は、突っ張り斜め支持材でまっすぐに立っている。また、外周に張られた線がガイドラインとなる。

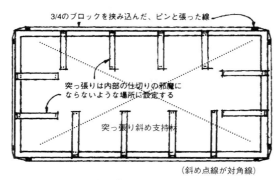

壁上部の平面図

外壁の設置

■壁を建て上げるときの施工法

　最初のユニット壁パネルを建ち上げるときは、一時的な突っ張り斜め支持材を使う。

　突っ張り斜め支持材は、隅壁においてその壁と垂直になる壁の邪魔にならないようにする。スペーサーブロックは、土台の2×4材に釘で固定し、さらに建ち上げようとする壁パネルのいちばん上端部にもブロックを釘で打っておく。

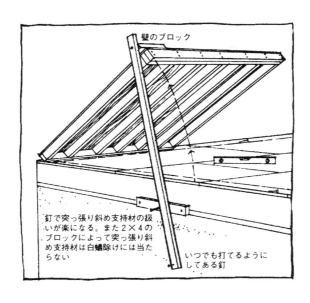

釘で突っ張り斜め支持材の扱いが楽になる。また2×4のブロックによって突っ張り斜め支持材は白蟻除けには当たらない

壁のブロック

いつでも打てるようにしてある釘

⑤ 外壁（EXTERIOR WALL）

　これらのブロックに仮突っ張り斜め支持材を釘で留めるとよい。まず突っ張り斜め支持材は、壁に固定された方のブロックに留め、反対端にはいつでも釘で留められるように釘を軽く打っておく。

　下のブロックは、突っ張り斜め支持材がすべるように釘を打っておくと作業が楽になる。

ハンマーを使って動かす

　壁のユニット壁パネルを持ち上げ、ハンマーを下げ振り、釘の突っ張りを使って所定の位置に持っていく。壁を建ち上げる前に、下枠に釘や小石がくっついていないかチェックする。下枠を釘で固定するが、後でずらしたりする可能性があることも念頭においておこう。

　他のユニット壁パネルも同様の手順で建ち上げる。

外壁の設置

■外壁を利用した足場

　外壁がすべてまっすぐに固定されたら、外壁に足場受け棚を取り付けることができる。足場受け棚をセットする穴は、とりあえず各々の角の野地板にドリルで開け、作業台の長さに合わせて追加の穴をあける。足場受け棚の穴は上枠から30インチ（762mm）下げ、作業台の長さが14フィート（4,267mm）以上にならないようにする。12フィート（3,657mm）以内の作業台だとたわみが少ない。穴は、足場受け棚の軸材を挿入できる十分な大きさにあけなくてはならない。作業台に1ｘ3の支持材を羽目板まで届くようにして釘で固定すれば、作業台がハシゴで押されてどんどん移動することもない。

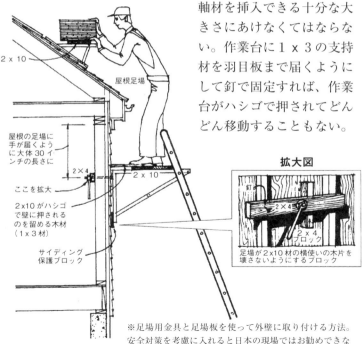

拡大図

足場が2ｘ10材の横使いの木片を壊さないようにするブロック

※足場用金具と足場板を使って外壁に取り付ける方法。安全対策を考慮に入れると日本の現場ではお勧めできないが、ＤＩＹでの活用や少量の資材の積載は可能だ。

6 内装の間仕切り (INTERIOR PARTITIONS)

■間仕切り壁用筋違い

壁に直角に突きつけて建てられる間仕切りには、1×3の筋かいを組み込むとよい。

上枠と下枠のある場所に仮釘打ちで、間仕切りに筋かいを入れて床版上に建ち上げる。1×3の筋かいを入れるための斜め切断をする前に、間仕切り壁がきっちり四角く作られているか確認する。

筋かいを上枠・下枠・縦枠に釘で固定する前に、間仕切りを所定の位置に建ち上げて外壁に固定する。間仕切りの表面に筋かいをつけるようにする。上階に床を作る予定がない場合はこれで良いが、上に床を作るなら、間仕切りは仮筋かいで押さえることになる。

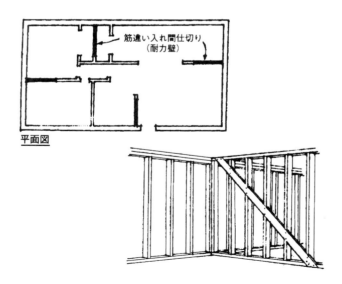

平面図

内装の間仕切り

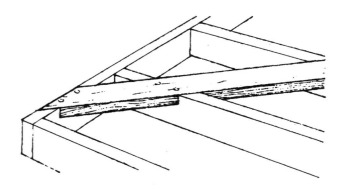

　斜め切断をする場合、3/4インチ（19mm）の深さにセットした電動のこぎりを使う。間仕切りが真四角になるように気をつけながら床版上に寝かせ、ガイドになる木片を置き、筋違いの幅になるようにガイドを動かしてカットする。この筋違いがはまる幅を1/16（1.5mm）〜1/8インチ（31mm）間隔でカットする。

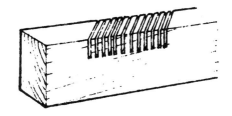

　筋違いがはまる箇所を、このように薄いピースにしておけば、ハンマーで容易に砕くことができる。斜め切断部分の底部は鋭いノミで平らにならす。

⑥ 内装の間仕切り (INTERIOR PARTITIONS)

■交差する壁の接合方法

　間仕切りが交差するところに、3つの縦枠材もしくはブロッキング（受け桟）とネイラー（釘打板）が必要になるフレーミングの場合（次ページ図）は、弓なりのスタッドを使うとよい。弓なりのス

タッドを用いると、縦枠材の弓なりの状態が、上桟と下枠を隣接した間仕切りに押しつけるような格好になる。同様に、端の縦枠材を上枠と下枠から少しだけ離すようになる（下図参照）。

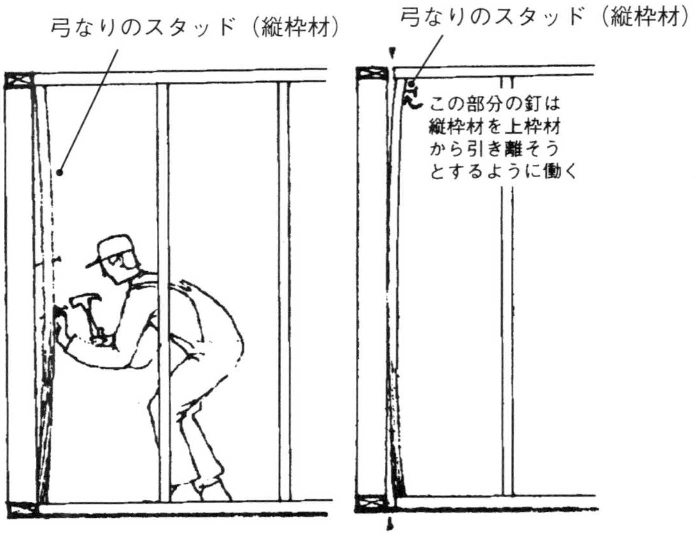

弓なりのスタッド（縦枠材）

弓なりのスタッド（縦枠材）

この部分の釘は
縦枠材を上枠材
から引き離そう
とするように働く

内装の間仕切り

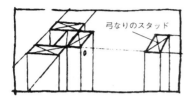

**三つの縦枠材が必要になる
フレーミングの場合**

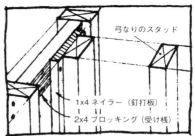

**受け桟と釘打板が必要になる
フレーミングの場合**

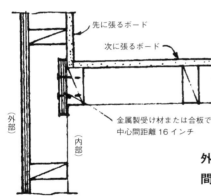

**外壁の交差するところに
間仕切り壁を設ける場合**

　ドライウォールの端部留め付け材やコーナー材（隅受材）を使う場合は、まっすぐなスタッドを使わなければならない。

　外壁の交差する所に間仕切り壁を設ける場合は、受け材を使って外壁から間仕切り壁への熱の移動を遮り、断熱性を確保する。

83

6 内装の間仕切り (INTERIOR PARTITIONS)

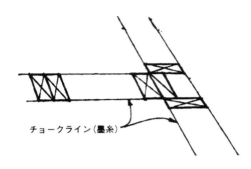

チョークライン（墨糸）

■壁建て付け位置の墨付け

　内装の間仕切りは、床版の上にチョーク（墨）で描いて配置する。間仕切りの両面の位置とも印をつける。印をつければ、線のどちら側に間仕切りをセットするのか悩むことがなくなるだろう。

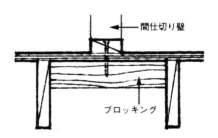

間仕切り壁

ブロッキング

　下枠を固定する際は、真下のしっかりした材、例えば根太とかブロッキング（受け材）などに打ちつける。

84

内装の間仕切り

合板だけに打ち付けるとたわんでしまうし、間仕切りがチョークの線から動きやすくなってしまう。

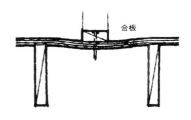

たわみに注意

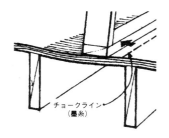

位置ずれに注意

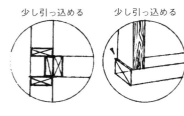

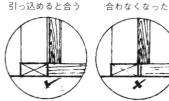

間仕切りが交差するときは、端にくる縦枠材が上枠と下枠からこころもち引っ込むように注意すること。

縦枠材が上枠と下枠の端部ぎりぎりだと間仕切りがぴったりにならない。

こうしておくと、後で調整に余分な時間をかけずに済む。

85

6 内装の間仕切り (INTERIOR PARTITIONS)

■方立ての取付け

ドアの開口部には、まっすぐな縦枠材を使う。曲がった材を使うと、後で建具職人が取り付け時の調整に苦労してしまう。

方立てを床版に届くように建てれば、下枠の小口は方立てに突きつけられる。

この方立ての端材から下枠に通すように釘を2本打ち、上枠のほうにも2本打ち、方立てと縦枠材との間は釘を千鳥に打つようにする。

こうすることによって縦枠材の2×4材のねじれを防ぎ、ドアの枠材の飼木をする上でよりしっかりしたベースをつくることができる。

釘を二重に打ち、方立てと縦枠材を釘で平打ちでと

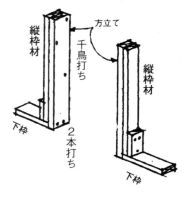

方立ての取り付け方

めることによってがっちりしたものになる。中央にしか釘打ちしなければ、材はへこんだり揺れたりして不安定になりがちである。

内装の間仕切り

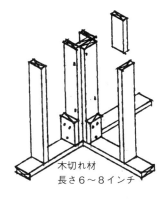

すべての間仕切りが取り付けられ、そしてドアの開口部を切り終えたら、すべての枠組みのコーナーとドアの開口部の根元部分に2×4の端材（長さ6～8インチ〔152.4mm～203.2mm〕の木切れ材）を打ちつける。こうすることによって幅木取り付けの際の良い支持材となる。

『1人の良いフレーミング職人は、2人の仕上げ職人に勝る』という言葉がある。フレーミングがうまく入っていれば仕上げは楽にいくが、フレーミングがまずいと後からさんざん苦労することになる。

木切れ材
長さ6～8インチ

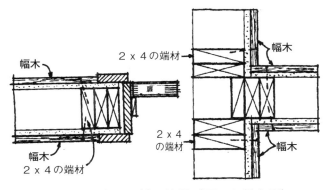

幅木と木切れ材の位置（下から見た図）

内装の間仕切り

■ 壁をまっすぐにする方法

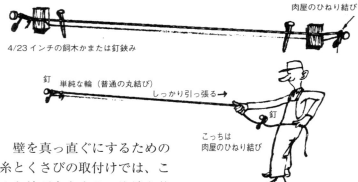

4/23インチの飼木かまたは釘鋏み

釘　単純な輪（普通の丸結び）
しっかり引っ張る→

こっちは
肉屋のひねり結び

肉屋のひねり結び

壁を真っ直ぐにするための糸とくさびの取付けでは、こんな結び方をする。片端を普通の丸結びではじめて、もう一端をいわゆる肉屋のひねり結びにすること。この肉屋のひねり結びというのは、肉屋が肉をしばるのに使った結び方である。糸をしっかり張るが、釘のところでゆるんでいるようにすること。釘を支点にして糸を引張ると切れてしまう。糸がとても強く張られていたら、動かないようにするのに、工程3と4を2～3回繰り返すようにすること。

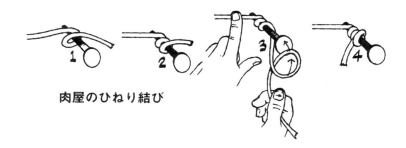

肉屋のひねり結び

7 屋根の小屋組み（ROOF FRAMING）

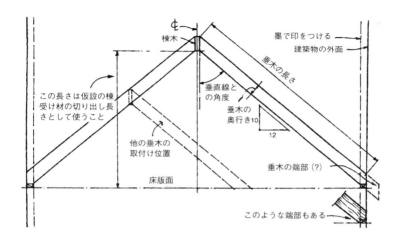

■小屋組みの下書き

　垂木の長さと角度を最も正確に定めるには、床版の上で下書きすればよい。垂木の配置は、2階部分に床版がない場合、壁を立ち上げる前に1階部分の床版の上で行う。作業にあたっては、床版の上で作業できればまちがうことは少なくなる。床版の中心から両側への長さが等しくなっていることを確認すること。もしも垂木を根太に沿って置くなら、これは下にある壁を決めた時点ですでに定まっていることである。床版のいちばん端に壁の上枠材があるようなら、その端部の釘打ちをする位置にチョークで線を引いておく。

屋根の小屋組み

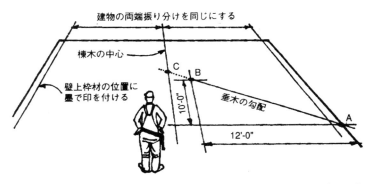

　中央になる位置に線を引き、その線に対して垂直になるように底辺を引く。屋根の勾配（この例では10フィートの12フィート）の角度を定める。点Aから点Bを通って点Cまで線を伸ばす。この線が垂木の角度になる。このようにして材料の配置図を完成させる。

ベベルスクエア

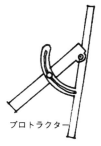

プロトラクター

　ベベルスクエアかプロトラクター（分度器付き定規）を使い、配置図から垂木材に角度を写し取る。

※ここでの屋根勾配は、水平距離12に対して、高さ10なので、8.3寸勾配となる。逆三角関数で計算すると、角度は39.806度となる。日本の住宅では、さしがねを使って直角三角形の比率で勾配距離を出すので、水平1尺：垂直10寸、勾配距離ルート2の10寸勾配（矩勾配）、角度45度が基本。

屋根の小屋組み

　配置図から写し取ったら、垂木の上面には×印をつけて、たとえそれがまっすぐな材であっても勘違いしないように注意する。2本の垂木材を用意し、配置図から写し取った角度に合わせて、頂点部分の垂直線だけカットする。これが床版の上の配置に合うかを確認する。うまく合致するようなら、「型板」にして、垂木材を合わせて切断するが、加工には精度を必要とする。

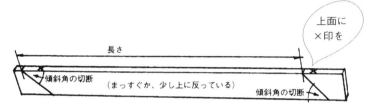

■垂木の切断

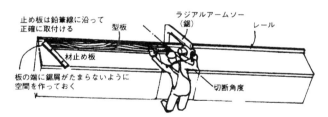

　精度の高い加工をするには、作業台（テーブル）に固定された電動鋸を使うと手っ取り早い。長さと角度のガイドには、先ほどの「型板」を使用する。

　材止め板を取り付けるときは、作業台のレールから少し離すようにする。離しておかないと型板の端に鋸くずがたまり、材の寸法にくるいが生じてしまう。

7 屋根の小屋組み（ROOF FRAMING）

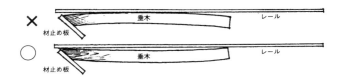

　悪い材は避けるが、少し曲がりがあるときは、曲がりの出っ張り部分がレールの反対側になるようにする。

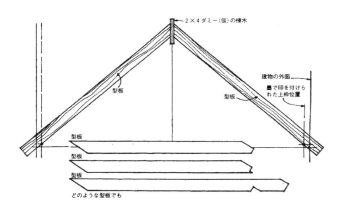

切断したら「型板」としてとっておく

　切断したら床版の上の配置に合うかどうかを確認し、うまく合わさっていたら両方の材に「型板」と書いて印をつけておく。これらの「型板」と、あと2本のまっすぐな材を垂木用にとっておく。これらはレーキボード（破風板）を切断する際に役に立つ。

92

屋根の小屋組み

■庇の持ち出し方法

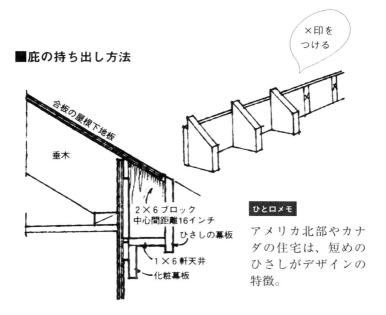

ひとロメモ

アメリカ北部やカナダの住宅は、短めのひさしがデザインの特徴。

　短いオーバーハング（持出し）を使う場合は、先ほど垂木の端から切り落としたブロックがちょうど使える。切り落としたブロックなら角度もぴったりで最適である。この手法を使えば、ファシア（ひさしの幕坂）とソフィット（軒天井）に美しい直線を与え、垂木の端がある程度不ぞろいでも問題はなくなる。

　まず、必要な数のブロックを卓上鋸に通して長さと幅を揃える。このブロックは、1 x 6もしくは1 x 8上の垂木に対応する位置に釘打ちする。同じものを3つか4つ、地上で作る。

7 屋根の小屋組み (ROOF FRAMING)

次に建物の各面の中央と両端部でブロックの底部の位置を決める。建物の長さ方向に墨糸をはじく。もし線が長い場合には糸を指で押さえてはじく。特に風の強い日は指で押さえてはじかないとうまくいかず、長辺の反対端では線が現れない。

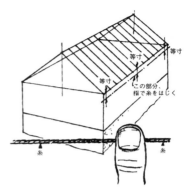

■棟木の取り付け方

チョーク線の位置を設定するために、建物の末端と中央にはゲージブロック（寸法基準板）を使う。

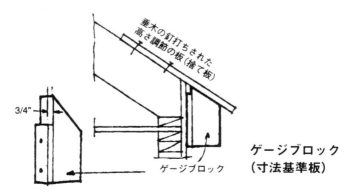

ゲージブロック（寸法基準板）

屋根の小屋組み

1×6または1×8材のフェンスボードの上部にU字になるような支持材を取り付けたものが、棟木（リッジ）の片方を支える。

垂木の足場に固定された床版の上の支持材がもう一方を支える。

垂木を高くするに従い、足場も上げる。もしくは足場を床版の全長にわたって作ってもよい。

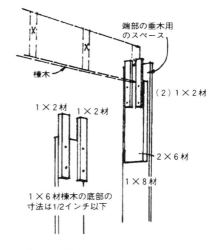

U字の支持材で棟木をささえる

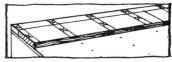

建物の長さに合うように棟材を切る。これらを床版の上に並べ、縦枠材の外側から反対位置にある縦枠材の外側までの長さがあることを確認する。これに垂木の位置の印をつけるには、天井の根太に合わせるか、側根太を使っている場合には側根太に合わせること。

95

7 屋根の小屋組み（ROOF FRAMING）

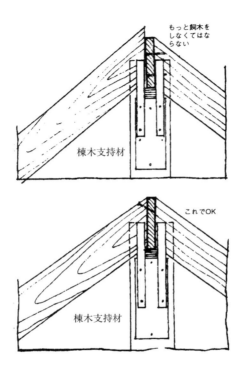

　外壁の表面に棟木支持材を釘打ちする。棟木受けは、棟木の底部（床版の上でレイアウトした垂木の寸法）の高さよりも1/2インチ（12.7mm）少ない。

　この支持材を垂直にするために使う道具は、手持ちの水準器で用が足りる。短い棟木支持材は一端を釘で止めれば定位置に収まる。

屋根の小屋組み

■小屋組みの組み立て方

　まず垂木の一方を正しい位置に釘で固定し、それから棟木が反対側の垂木に合うように、正しい位置で飼木する。この工程の時には、これまで取って置いたまっすぐな材を使う。

　最初の棟木の垂木が上手にできたら、棟木の端の垂直を直さなければならない。

　垂直修正の作業は、穏やかな日を選ぶこと。中程度の風の日でも適当に風が止まるようだったら構わない。

　この工程には「プランボブ（下げ振りおもり）」という道具が最高である。

　イラストにあるように棟木の端に打たれた釘に糸を通し、片手でボブの高さを

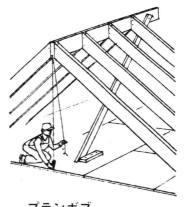

**プランボブ
（下げ振りおもり）**

操作する。ボブが床版からわずかに推れたところで停止させ、もう片方の手で揺れを止める。

　最初の棟木さえ垂直位置にしっかり合わせれば、次以降の棟木の位置合わせは容易である。床版から棟木には、数本の仮かいを入れて安定させる。

7 屋根の小屋組み (ROOF FRAMING)

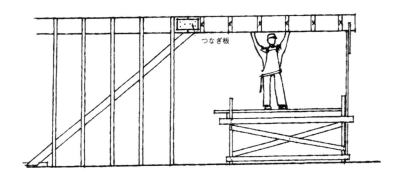

　次の棟木は、最初の棟木から滑らないように止める。突き付けで継ぎ合わせ、斜めに釘打ちすれば滑らない。すべての垂木を取り付けたら、根太の時と同様にまっすぐに直す。すなわち端の垂木の表面に飼木し、まっすぐにして突っ張り斜め支持材を入れる。中間の垂木は、じっくり観察してまっすぐに直し、高さ調整用の捨て板を打つ。垂木の端から4フィート（1,219mm）上に指で押さえた墨糸を

はじいて印をつける。これに最初1列の合板を打ちつけるようになる。合板はタイトに並べる。

　最初の2列を鋲で止め、すべて正確に行うようにする。最初がうまくいけば、残りの天井もうまくできる。

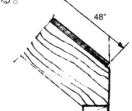

屋根の小屋組み

■ 棟木工事用の足場

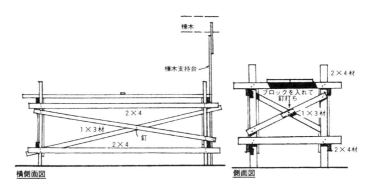

足場板のつくりかた

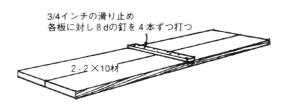

足場板(プランク)の上面

　垂木を高くするに従い、足場も上げる。もしくは足場を床版の全長にわたって作ってもよい。

　足場板(プランク)の上面には滑り止めをつけておくとよい。足を滑らす心配がなくなる。

99

8 外装仕上げ（EXTERIOR TRIM）

■外装各部の名称

> **ひとロメモ**

建物構造に関わる内容は前章までで、ここから先は、外装の各種枠材、屋根材、外装材などの章になる。

建物外装のそれぞれの部位の名称は、以下の10余りの部位に分類される。また、これらの部位はほとんどは雨にさらされるので、塗装を必要としている。また材の反り、伸び、縮みに注意して施工する。本書では工事順に追って部位の取り付け方を説明していく。

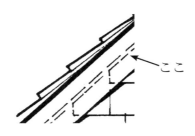

破風板（レーキボード）

破風耳板（イヤーボード）

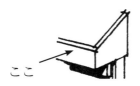

鼻隠し（ファシア）

樋（ガッター）

外装仕上げ

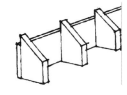

軒天井（ソフィット）

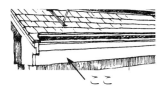

外壁回り縁（フリーズボード）

外壁回り縁飼木
（フリーズボードパッキング）

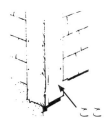

隅枠材
（コーナーボード）

棟板（リッジボード）

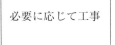

必要に応じて工事

その他、造作仕上げ材
（ミセラニアス トリム）

8 外装仕上げ (EXTERIOR TRIM)

■外装仕上げ材の養生

外装材を所定の長さに切りそろえる前に、材が吸湿してひどく反ることがないように、外装仕上げ材の裏側に下塗りしておく。十分に薄めておけば、塗料は材にスムーズに吸収される。露出する末端と継ぎ手にした末端には、そこから湿気が入らないように塗装しておく。塗装しておけば、縁が長持ちする。もしも

仕上げ材は、未塗装で直射日光のあたるところに置いておくと表面だけ乾燥してしまい、反ったり場合によっては割れてしまう。

板を重ね合わせてまず縁を先に塗るようにして、その後で寝かせて表面を塗る。

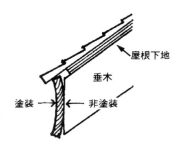

保護処理していない材を露出させなければならない場合は、乾燥とひび割れを防ぐために防腐剤を塗るとよい。

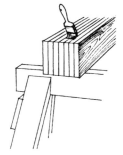

外装仕上げ

1/4インチ（6.3mm）四方の薄い木の切れ端か、細い釘を使って板と板の間にすき間をとり、すべての板を離すようにする。

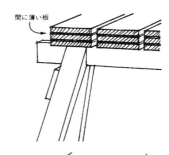

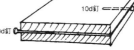

積み上げた羽目板の縁に塗料を塗るときは、刷毛を使うと効率が上がる。

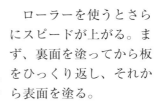

ローラーを使うとさらにスピードが上がる。まず、裏面を塗ってから板をひっくり返し、それから表面を塗る。

103

8 外装仕上げ (EXTERIOR TRIM)

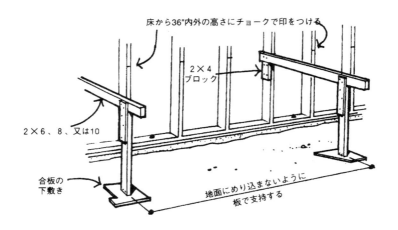

塗装台をセットする場所はガレージがよい。ガレージには、余裕たっぷりの空間と屋根がある。

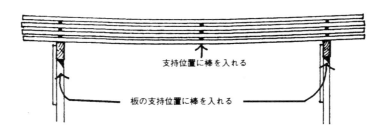

油性の下塗剤を使うときには、通気を良くする必要がある。1/2インチ (12.7mm) 四方の木片を飼木として使うとよい。

104

外装仕上げ

■外装材の欠陥部分の処理

外装板を切りそろえるときは、板の端に割れがないか確認すること。細い割れは、気がつかないこともあるので注意する。割れを見つけたら、その割れのある位置から1インチ（25.4mm）離れたところで切り落とす。

材の反りをチェックし、凹部は内側に入れ、凸部を外側に出すようにして接合部を平らにする。

直線の突き付け接合は、見え掛かり面に合わせて切断し、下端をそろえておく。見た目に見えない後ろ側（見え隠れ）の面と上端は開くか浮かせておいてよい。

材の端が、もう片方の板の面に突き付けであたる隅板についても隅板についても同様に接合するので処理する。

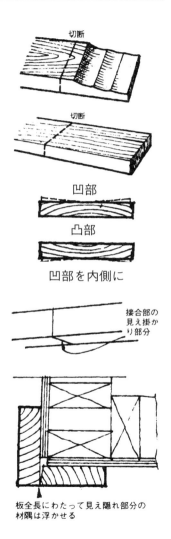

105

8 外装仕上げ (EXTERIOR TRIM)

■軒天井（ソフィット）

前章では、棟木を取り付ける前に、垂木の端材をブロックにして合板の外、垂木の延長線上に取り付けて、ゲージブロック（寸法基準板）とした。このブロックは軒天井の部材となる。

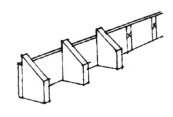

垂木の端材のブロック

軒天井前面の構造図

外壁仕上材に使われる釘はすべて釘頭を板の中にまで打ち込む。こうすることによって各部材がきっちりと確実に押さえられる。できた釘の穴は、塗装する前に目止めする。釘頭を先に打ち込むときは、普通の釘に対してはより大き

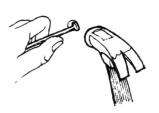

な釘を使うようにして、その釘がダメになったら釘頭の横を使って打ち込む。

外装仕上げ

■鼻隠し（ファシア）

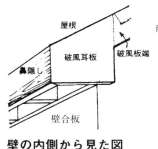

壁の内側から見た図　　**壁の外側から見た図**

鼻隠しは、屋根の勾配に合わせて隅切りされる。そして、破風耳板と突き合わさるところで直角に取り合わせ継ぎされる。もし、破風板の幅が厚く、破風耳板と鼻隠しの接合部分を全て覆い隠している場合（上右図参照）には、鼻隠しと破風耳板の取り合わせ継ぎをする必要はない。

軒天井板の底面は二重に釘を打つ。必要に応じて鼻隠しからも釘を打つ。

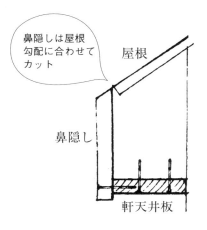

107

8 外装仕上げ (EXTERIOR TRIM)

軒天井板の位置を決めるのに、後ろにテコをあてがわなければならない場合がある。引き起こして、底に釘を打ち、それを表から打つ。

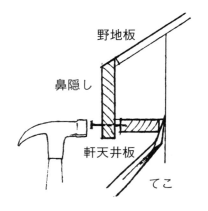

鼻隠しをベントの通った軒天井板に打ちつける場合は、取り外し可能なブロックを挟んで、反対側をフラットバーを使って、てこの原理で押さえるといい。

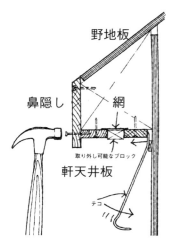

ベント付きの軒天井の場合

外装仕上げ

長い個所の造作工事を1人で取り付ける場合、L字形の補助具を使えば、楽に作業ができる。

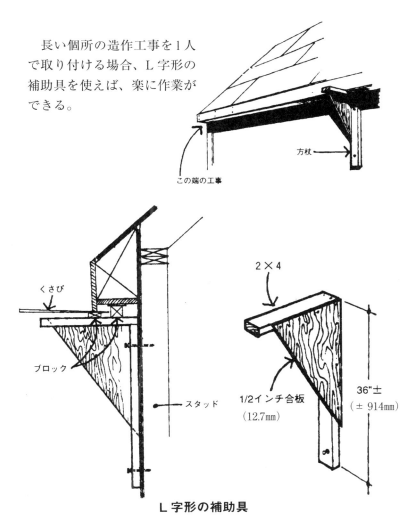

L字形の補助具

8 外装仕上げ（EXTERIOR TRIM）

■破風耳板（イヤーボード）

　破風耳板とは、軒天井の両端に取り付ける装飾の板のことであるが、ここは、破風板、耳隠し、隅枠材の3つの部材が交わる箇所なので納まりをきれいに仕上げなければならない。

　破風耳板（イヤーボード）は、下端部が水平になるようにし、外壁隅板は、破風耳板（イヤーボード）の下に押し込む。破風耳板は、下端部が水平になるようにし、外壁隅板の上端部の外壁を受けるように段型に切断しておく。すべての切断個所にはペイントする。

　次ページの図を参照すると、3/4インチ（19mm）厚の外壁隅板を用いる場合、差し込み隅切りの厚さを5/16インチ（7.9mm）、深さ

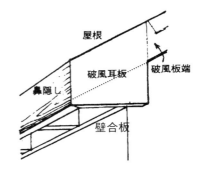

1/2インチ（12.7mm）とするのが目安である。

　また、5/4インチ（31mm）厚の外壁隅板には、厚さ1/4インチ（6mm）、深さ1/2インチ（12.7mm）の差し込み隅切り付きの3/4インチ（19mm）の破風耳板を用いる。破風耳板側の差し込み隅切りの受けの1/4インチ分は、合板で飼木をつくって調整する。

外装仕上げ

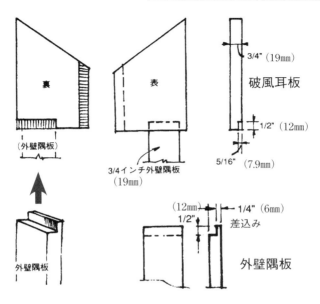

3/4 インチ (19mm) 厚の外壁隅板を用いる場合

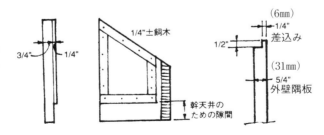

5/4 インチ (31mm) 厚の外壁隅板を用いる場合

8 外装仕上げ (EXTERIOR TRIM)

■破風板（レーキボード）

破風板（レーキボード）は、シングル板や羽目板を背後に隠せるように飼木をつけて覆いかぶせる。建物形状に応じて、二重の破風板にしたりもする。

破風板（レーキ）部分に飼板する場合、破風耳板（イヤーボード）のための飼板は短めにつくること。もし、3/4インチ（19mm）の棟隅板を用いる場合、1×3（19mm厚、幅63mm）の飼木が用いられる。外壁材から突き付け部分の表面までが7/8インチ（22mm）であると、シングル材を使うときに少しきつくなる。しかし、これでも仕上げることはできる（屋根板〔シェイク〕ならもっと分厚い）。

5/4インチ（31mm）の外壁隅板の代わりには、5/4イン

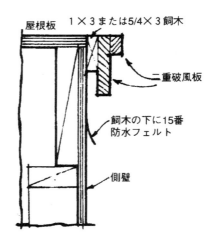

チ×3枚重ねの破風板を使うこと。3/4インチの破風板も使えるが、破風耳板は受けをよくするために、破

外装仕上げ

風板だけを3/4インチ（19mm）に切りそろえられる。

破風板と破風耳板（イヤーボード）の裏には15番のフェルト※をステーブルでとめる。十分に広いものを用意し、外壁の防水紙が楽に下に滑り込ませることができるような幅を設ける。

※アスファルトフェルトのこと。日本ではアスファルトルーフィングが普及している。

■破風板（レーキ）の仕上げ

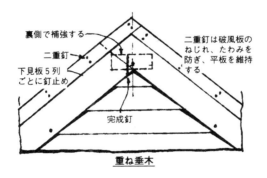

できるなら破風板にはまっすぐな板を使うこと。破風板を垂直に、注意探くカットし、しっかり釘打ちしなくてはならない。ちょっとした曲がりなら、引っ張って何とかなるのだが…。破風板が二重になるときは、頂点で破風板が重なり合うように組み立てるのがいちばんよい。

8 外装仕上げ (EXTERIOR TRIM)

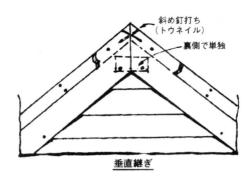

垂直継ぎ

破風板留め（ストップブロック）を屋根に釘打ちし、16d※の釘を2本、破風板の底面のラインに合わせて建物の側面に打つ。この釘の上に破風板を乗せるようにすれば1人でも作業できる。寸法とはまり具合を決めるまでは仮留めにしておく。

美しい仕上げにするためには、鋭いブロックかんなを使うこと。もしも破風板が長すぎて、1本の板でできない場合には、短い破風

※釘の直径を示す記号。日本で用いられる記号は巻末付録参照。

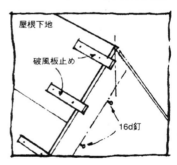

板を頂点の近くに持ってくる。この方がより目立たない。二重の破風板にするときは、2枚つなぎをする破風板のジョイントが互いにずれるようにする。鋸が入

外装仕上げ

るところなら、各ジョイントには手鋸を入れ、破風板のジョイントがよくなるようにする。2、3回切る必要があるかもしれない。こうすると外装がぴったりとフィットして仕上がる。

破風板を屋根面と平らになるように持ち上げる。特に何もなければ弱くはない。アスファルト製屋根板のシングル材は、たわんでいると見栄えが悪いし、木

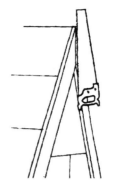

のこ目を入れて調整

製のシングル板だと大きく引っ張りすぎると割れてしまう。

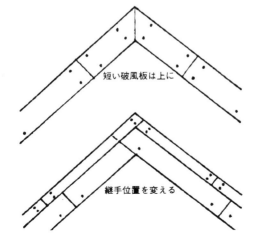

きれいな二重破風板のコツ

115

8 外装仕上げ（EXTERIOR TRIM）

ひと口メモ

外装の仕上げをぴったりとフィットさせるには、まず、最初に材をそれぞれカットしてから互いに並べ、その接合面に合わせて手鋸を入れるようにする。2、3回切る必要があるかもしれない。

木製の溝の部分には粗い鋸を使う。いつでも接合部に鋸を入れられるとは限らない。

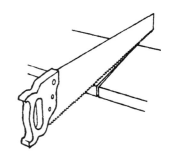

鋸を入れられない時には、鋭いカンナ（ブロックプレイン）を使ってやることになる。

■外壁回り縁（フリーズボード）

外壁回り縁は、破風板と同じように、1 x 3 材の飼木とシングル材の上端が回り縁の裏側で突き合うように取り付ける。このようにすることで仕上がりが美しくなり、シングル材がバラバラになって落ちることがない。

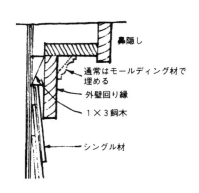

外装仕上げ

　隅枠材を欠き込んで、そこに1ｘ3インチの外壁回り縁飼木（フリーズボードパッキング）を欠き込んで、隅木の端から後退させて取り付けること。

■隅枠材（コーナーボード）

　隅枠材は、破風材の取り付けと同じように、建築物の表面部分に釘打ちされた位置決め用の仮支え材のところに据え付ける。

　はじめに建築用防水紙（ビルディングペーパー、15番フェルト※）を1枚、各隅枠材から上下左右に4インチずつ余裕をもって覆いかぶせて張る。防水紙は、ステーブル釘で止める前に端を中途で折り込む。すべての防水紙のはみ出した部分は、すべて切りそろえる。防水紙を重ね合わせるときは、水の流れを考えて、防水紙が正しく重なり合って張られていることを確認する。

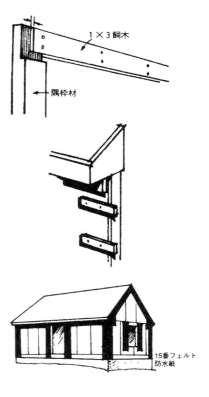

※アスファルトフェルトのこと。日本では
　防湿シート全面張りが現在は一般的。

8 外装仕上げ（EXTERIOR TRIM）

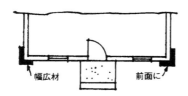

幅の狭い隅枠材に防水紙を張る場合、最初は釘止めをする。幅の広い隅枠材には建築物の外部から玄関扉を見たときに、建築物の前面に来るように取り付ける。

また幅の狭い隅枠材は、最初に釘打ちされ、隅枠材の収支え材に寄せて取り付ける。普通の8dサイズの釘は、たまに使われる仕上げ釘とともに化粧釘としても使われる。

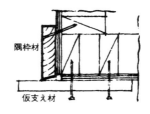

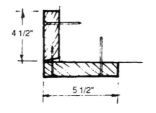

その次に、幅の広い隅枠材を取り付ける。それは幅の狭い枠材の端とそろえて平坦になるように取り付ける。

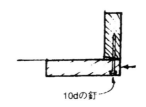

通常、広い幅の枠材は膨張するので、鋭いブロック飽（かんな）で補修する必要がある。

118

外装仕上げ

上部の釘を最初に打ち、順次下方向に作業を続ける。

幅の広い隅枠材も、上部の釘打ちから始めて、隅端部分だけを先に同様に作業していく。この際、幅の広い隅枠材と幅の狭い隅枠材とがそろっていることを確認すること。

それから、隅から離れた端の釘打ちを行う。

すべての板が、相互にしっかりつなぎ合わされるように釘が打ちつけられていること。

場合によっては、10dサイズの普通釘が隅枠材相互をつなぐために用いられる。

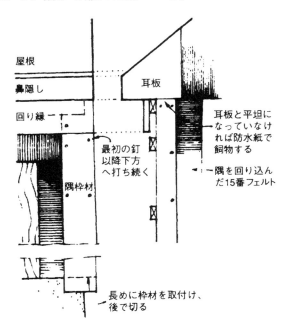

8 外装仕上げ (EXTERIOR TRIM)

　隅枠材は、サイディングが取り付けられた後まで、長い素材のまま取り付けておく。最後に、コンビネーションスクエア（三角定規の一種）を使って、直角を出し、手鋸で切り落とす。

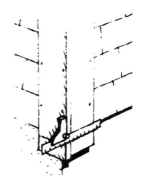

隅枠材の下端は最後まで残す

　前もって組み立てた隅枠材を利用するのは、便利な方法である。その際には隅枠材の頂部を耳板や回り縁に届くように予め寸法を調整していくことがポイントである。

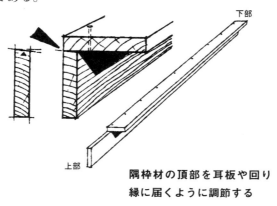

隅枠材の頂部を耳板や回り縁に届くように調節する

外装仕上げ

　狭い隅枠材は、外表面での緊結をするために傾けて差し込むようにする。

　隅枠材の頂部を耳板や回り縁に届くように調節する。

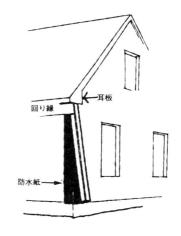

■棟板（リッジボード）

　棟板は、角度のつけ方を除けば、隅枠材と全く同じように取り付けられる。

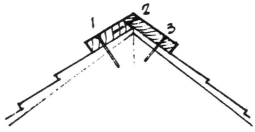

棟板の取り付け方

8 外装仕上げ（EXTERIOR TRIM）

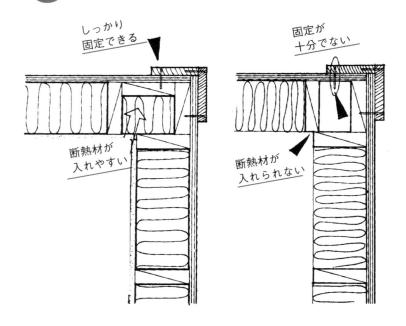

■ 隅枠材の固定と隅柱の形状

　左上の外側隅角部は、隅枠材を所定の位置に釘打ちするために、十分な木材でできている。このように、うまく作られた隅角部分には、断熱材の取り付けのための対応がうまくできている。

　右上の隅角部は、容易に断熱措置を講じることができず、隅棒材取り付けの一方の支持状況がよくない。

外装仕上げ

■雨どい（ガッター）

ここでは昔ながらの樋（ガッター）および樋溝天板（ウォーターテーブル）のある戻り樋の作り方を紹介する※。

どの樋も、破風耳板で行き止まりになるか、または破風部分で行き止まりになる。どちらの場合でも樋は、鼻隠しを腐らせないように、薄い木の板をはさんで鼻隠しから離す。

※日本ではプラスチック製が主流。北米では板金加工の金属製雨どいが多い。

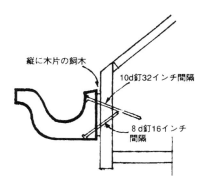

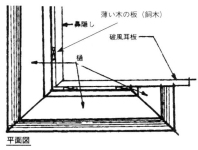

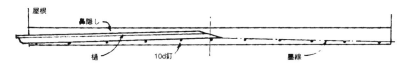

樋は傾斜させる

樋は、中程から端に向けて傾斜するようにする。基線をつけ、それに合わせて10dの釘で樋を支持さ

8 外装仕上げ (EXTERIOR TRIM)

せる。ときには、切妻屋根の傾斜が樋の傾斜に制限を与えることもあるが、水がたまらないように気をつける。

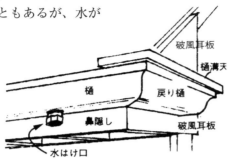

樋を取り合わせ継ぎし、所定の位置に取り付け、水平を確認する。ぴったり合うようにするために、できるだけ多くの切断部分に粗く鋭い鋸を通す。戻り樋の上部は、樋が樋溝天板に平坦に置かれるために、切り整えられなければならない。

樋端は鉛で覆い、電気ドリルかハンドドリルを使って縦樋のための穴をあける。ちょっと小さめの穴にナイロン製の接管部を入れるようにすれば、亜鉛メッキの接管部のようには錆びない。

外装仕上げ

樋には、屋根と樋溝天板にまで鉛板を放き、戻り樋へ水が戻っていくのを防止すること。

加工の際には、ハンマーの柄を使い、鉛板にしわが寄らないようにする。鉛板に穴が開かないように、角に鉛板を敷くときは木の台の上でハンマーで叩くこと。大きめの鉛板を使い、形をとった後に切りそろえる。

それからすき間を埋め（コーキング）、防水をして釘でとめる。

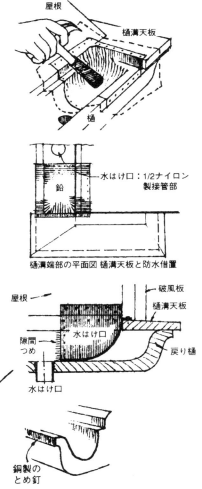

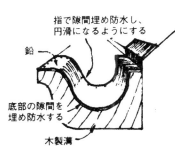

外装仕上げ

　樋が破風板（戻り樋のないもの）で終わる場合には、先程と同じように処理して、鉛板を敷いて破風板の上端にまで重なるように敷くこと。

　取り合わせ継ぎしたジョイント部には、ジョイントの両側3インチ（76.2mm）ずつに鉛板を貼る。

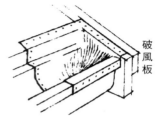

戻り樋のない雨どい

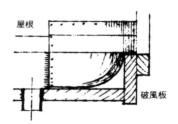

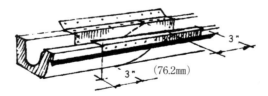

9 屋根と外装（ROOFING & SIDING）

■屋根工事足場

　家を建てるときはなるべく早めに屋根をかけるべきである。屋根さえかけておけば、作業したり資材を天候から守る適当な場所になり、窓とドアをつければロックすることもできる。

　シングル材を用いた屋根葺きの場合は、作業環境を整備すると仕事がやりやすくなる。壁の張り出した足場は屋根葺きを始めるのによいし、資材

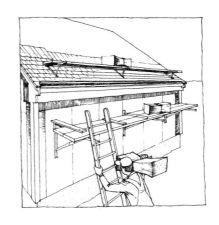

を置いておくこともできる。作業の後半ではシングル材を上げる際の屋根工事用足場にもなる。

ひとロメモ　シングル材とは

　北米で用いられる屋根の板葺き・外装の板張りに用いられる仕上げ材のこと。柾目挽き割りで先端が薄い。屋根用にはシングルよりも厚めの板を用いることがあり、これをウッドシェイク（shake）と呼ぶ。日本で行われている下見板張りとは工法が異なっている。

127

9 屋根と外装 (ROOFING & SIDING)

■シングルの葺き準備

米スギ材（レッドシダー）は、屋根用シングル材としては最もよい材料である。レッドシーダーのシングル材は長持ちするし、ホワイトシダー材より若干堅い。ささくれで怪我をすることがあるので気を付けること。

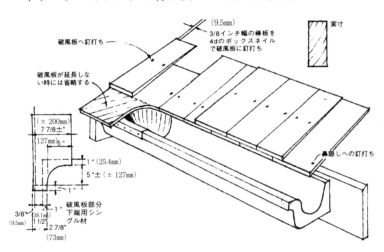

屋根のシングル材の最初の一列は二重にし、破風板をカバーするように張り出している場合は、最初の列を樋の上部まで張り出させる。張り出し用の材（破風板部分下端用シングル材）は、2枚ないし4枚重ねて、糸鋸で綺麗なカーブにカットする。こうすることによって破風板が風雨にさらされるのを避けることができる。

屋根と外装

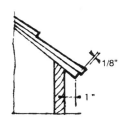
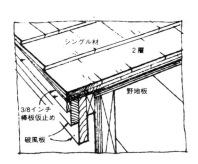

なお、張り出し用に3/8インチ厚(9.5mm)の棒板材が破風板の上に取り付けられていることを確認すること。破風板部分では3/8インチ(9.5mm)張り出し、庇の場合には1インチ(25.4mm)張り出すようにする。

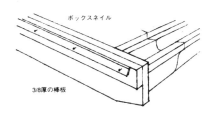

■屋根葺き用定規の使い方

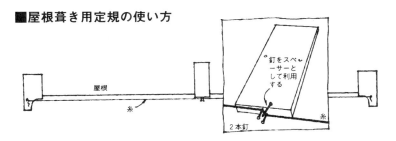

屋根葺き用定規

9 屋根と外装（ROOFING & SIDING）

　破風板に取り付けるシングル材を屋根の両端に、別の1枚を屋根の真ん中に釘で留める。いずれのシングル材も庇から1インチ（25.4mm）張り出すように並べること。

　シングル材の端から端へ糸を張り、糸がシングル材の下にあるようにすれば、シングル材は糸に近いが触れない状態を作ることができる。

　もしもシングル材が糸に触れれば糸は下がり、また別の板が糸に触れればさらに下がることになる。底面に沿ってよく観察してすべてがうまくいっていることを確認する。

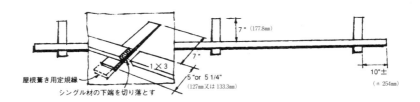

　シングル材は普通5〜5 1/4インチ（127mm〜133mm）の幅列をとって重ねるようになっていて、シングル材寸法線のついたルーフィングスティック（屋根葺き用定規）は、それを前提に作られている。スティックは1×3材に12インチ（304mm）、14インチ（355mm）、16インチ（406mm）のファーリングストリップ（目印板片）からできていて、屋根幅一杯の長さのものを使う。

屋根と外装

■シングルの葺き方

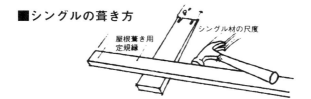

　スティックを使って、列にそってシングル材の尺度（ゲージ）の底辺を揃えて、第2列目から作業を始める。こうすれば自然に5インチ（127mm）または5 1/4インチ（133.3mm）幅になる。シングル材の尺度の1番端の部分をシングル材用の釘で屋根に打ちつける。スティックは、ハンマーで叩くことによって釘を残したまま外すことができる。

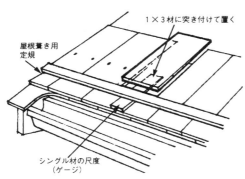

　スティック（屋根葺き用定規）が屋根の幅一杯にわたったら、シングル材を1×3材の定規に対してつき付けて並べてから釘で留める。できるだけたくさん並べてか

9 屋根と外装 (ROOFING & SIDING)

ら釘打ちする。シングル材が割れたり、シングル材がスティックの下にもぐり込まないように注意すること。一列すっぽり扱かしてしまうことがよくあるので、チェックを怠らないこと。

シングル材は、たとえ湿って膨張していたとしても、ぎっちりと詰めないようにし、すき間の開かない程度にゆったりと配置する。いくらか水分を吸着して膨張し、歪むからである。よく乾燥した古い材を使う場合には、材間に1/8インチ（3ミリ）程度のすき間があればよい。

裏面

シングル材には表と裏があるので、材端をよく見て確認すること。曲がりはごく微少ではあるが、凸面を上にするのは大切である。そうしないとシングル材は滑り落ちてしまう。

ひと口メモ

※木は木表側（樹皮側、年輪の外側）に反り、反った隅の面で凹になる。反る側を裏側にするのがコツ。

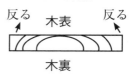
こちらを内側に
反る　木表　反る
木裏
こちらを外側に

屋根と外装

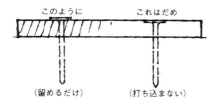

シングル材は、屋根にきちんとおさまればよいので、釘を強く打ちすぎないようにする。最後の一打ちの時にちょっと手を控えること。釘の頭がシングル材の表面に食い込まないようにしないと板がわれてしまう。

使うにあたっては、割れたシングル材に注意すること。怪しい感じがしたら、シングル材を軽く曲げると割れを発見できる。もし、具合が悪かったら捨ててしまうこと。

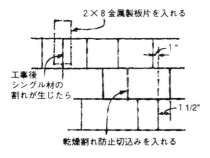

屋根シングル材のジョイントは、各列ごとに最低1 1/2インチ（38.1mm）重なり合うようにして、雨漏れがないように3列ごとに1インチずらして取り付ける。

9 屋根と外装 (ROOFING & SIDING)

■屋根足場と防水対策

屋根の上に作った2×10材を使った板の足場は仕事をするのに最も快適である。足場は釘で固定できるように垂木の上になるようにする。屋根葺き作業が屋根の上にあがるようになるので、どの足場が移動されることになるか注意を払うこと。シングル材をはめてはおくが、まだ固定しないで外しておき、近くのシングル材の下に差し込んでおくとよい。

15番ポンドのフェルトをシングル材と屋根の間に挟むようにすれば、屋根の雨漏れを防ぐことができる。

新しい仕事にとりかかるときは、1日にできる仕事の分だけ紙を敷いておく。さもないと、夜露を吸った紙が縮れてその上にシングル材を葺く

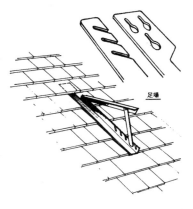
足場

のが難しくなってくる。

両端と中央で、庇の端から最終列まで寸法を確認すること。必要に応じて列を調整する。重ね長さが16インチ (406.4mm) のシングル材なら列を減らす。18インチ (457.2mm) ならば増やすのもいい。

きりのいいところで垂線を入れて、仕事がまっすぐになっているかチェックするのは重要である。屋根の棟部に近づくに従って、シ

屋根と外装

ングル材の列の平行と寸法のチェックを怠らないようにする。棟木板の下端がどこにくるかを考え、最終列のシングル材の列までの寸法を測り、どんな調整が必要か決める。最後の列だけ2インチになっているのは見栄えが悪い。

シングル材張りが終わったら、シングル材で割れが入っている部分はないかチェックし、鉛筆でマークしておく。割れには、2×8インチ（127mm×203.2mm）の金属製板片をカットして、割れの下に入れておく。

■シングル材の運び方

シングル材の束のはしを足の付け根におしあて、左手で束の重心より体側を、右手で向こう側を持つ

腰を前に突き出し、同時に腕を引き上げて肩の上に乗せる

シングル材をかついではしごをのぼる時は肩に乗せる。

普及品のアスファルトシングルも同じ運び方をする。※

※原書ではこの後、アスファルトシングルの張り方についても数ページにわたって解説している。しかし、現代普及しているアスファルトシングルの施工方法とは大きく異なり、実用には適さないため新版では省略する。

9 屋根と外装 (ROOFING & SIDING)

■外壁板張用シングル材

屋根のシングル材を張り終えたら、外壁板張のシングル材をはる。

シングル材に使う木材は何でも良いが、ニューイングランドでは、ホワイトシダー杉材は時間が経つにつれて美しいグレーになるので、一番の選択である。

レッドシダーはそんなにきれいでもない茶色に経年変化する。手割りシェイク材は普通レッドシダーで、ずっと分厚い（※シェイク材は厚いので主に屋根用に用いられる）。

シングル材を買うときにブランドにこだわるのは良い考えである。多少高価になるかもしれないが、施工手間が掛からないので、それ相応の値打ちがある。試しに2、3束(バ

ンドル）買って試してみるといい。品質グレードには、クリア（無節）とエクストラ（特上）の二つのグレードがあり、エクストラ（特上）の方が優れた品質である。良品はほとんどトリミングの必要なく互いに並べて使うことができる。いいブランドを見つけたら、それだけにこだわりつづけるといい。

屋根と外装

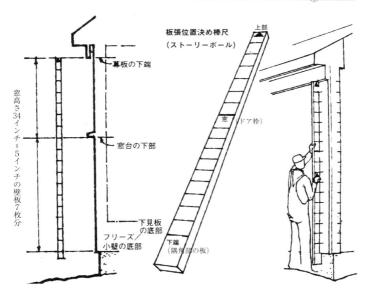

　ホワイトシダーのシングル材の寸法は、下見板（クリップボード）の寸法をもとにしている。ホワイトシダーの下見板は、通常、厚さ3/8インチ（9.5mm）、長さ16インチ（406.4mm）に平らに製材される。シングル材も同じ寸法でサイディング用に加工される。

　サイディング工事は採寸が重要だ。まず、建物の正面から採寸をはじめる。板張位置決め棒尺（ストーリーポール）を用意し、壁面を水平に切るいろいろなものをマークする。ポールには、建物の隅角部の板（コーナーボード）とドアの枠の位置の印をつける。

137

9 屋根と外装 (ROOFING & SIDING)

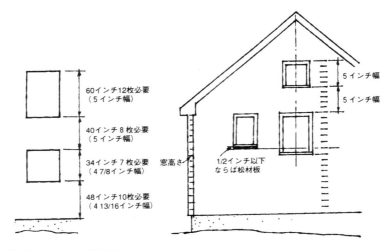

■窓まわりの張り方

　たいてい窓は同じ高さに取付けられるが、キッチンやバスルームの小窓があることもあるので、この場合でも同じ間隔（スペーシング）で大丈夫か確かめること。

　例えば、高さ34インチ（863.6mm）の窓の場合、壁板幅5インチ（127mm）、あるいは壁板幅4 7/8インチ（123.8mm）で7列分の高さになる。

　ホワイトシダーは長さが16インチ（406.4mm）なので、5インチ（127mm）より大幅に超えた部分はシングル材が3重の重ね数を失うことになるので、この場合は張り幅を減らした方が良い。シングルが長さ16インチなら5 1/8インチ（130.1mm）又は5 3/16インチ（131.7mm）を使えばうまくいくが、かなりふぞろいな材が混じっているので注意。

屋根と外装

■防水紙（ビルディングペーパ）張り

防水紙の底部の張り方（最下端が二重板の場合）

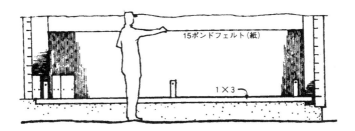

防水紙の底部の張り方（最下端が1×3飼木の場合）

　最初のとりつけは、まず建築用防水紙（ビルディングペーパー）をドアの下部と角の定規縁（スプライン）の位置で壁にステープル留めするところから始める。ペーパーの底部をシングルの底部に合わせること。

9 屋根と外装 (ROOFING & SIDING)

■シングル材張りの揃え方

次の列をセットするときには、隅角部から隅角部に向けて墨糸（チョークライン）をはじく。その墨糸（チョークライン）に合わせて１x３の下地留金（ファーリングストリップ）を１本か２本留めて、その１x３材の上部を4dのボックス釘で留める。小さい針金のような釘ならシングル材に大きな穴を開けること

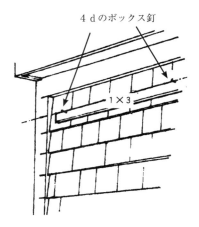

はないし、材の上の部分を釘で留めておけば後から目立たない。

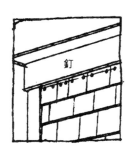

軒廻り縁の下部のシングル材の釘打ち

軒廻縁（フリーズ）、窓、破風板（レイク）の下に潜るシングル材を正面から釘打ちをしなくてはならない場合、長めの亜鉛メッキした5dのボックス釘を使う。まっすぐに打ち込まれたら見栄えもいいばかりではな

屋根と外装

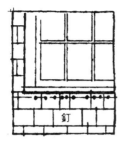

窓下部のシングル材の釘打ち

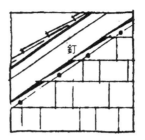

破風板の下部のシングル材の釘打ち

く、保持力も強い。軒廻縁（フリーズ）、窓、破風板（レイク）の下端線（シャドーライン）を釘打ちのガイドラインとして利用できる。

あるいは定規縁（ゲージスティック）と鉛筆を使ってもいいだろう。

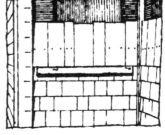

141

9 屋根と外装（ROOFING & SIDING）

■シングル材の張り方

ホワイトシダー（杉材）には乾燥材はないので、いずれ縮むものだからきつめに詰めて並べてよい。さらに言うなら、列の最後の2枚は凸型において、パチン

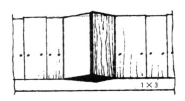

とはめるようにしてとめてよい。

割れずにうまく行くような「バチン」の力加減は試行錯誤でマスターするしかない。

両はしから中央に向かって作業する。右利きと左利きの2人の職人が左右に分かれて中央に向かって作業したら、いいコンビになるだろう。

屋根と外装

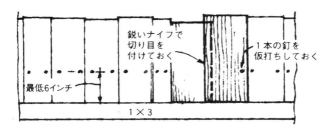

最後に2枚のシングル材が残るはずだ。シングル材は枠に対してピッタリと合わせるべきで、鉋が役に立つだろう。

スパンが短い時は水準器を用いて短い1 x 3材（19㎜ x 63㎜）用の線を引く。

入り隅部については、3/4 x 1材（14.2㎜ x 19㎜）を使ってシングル同士がぶつかり合わないようにする。1 x 1材（19㎜ x 19㎜）でも良いが、目立ちやすい。

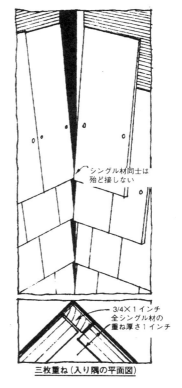

143

9 屋根と外装 (ROOFING & SIDING)

ホワイトシダーには表と裏があるので、反りを良く見て凸面が外になるようにする。この反りは、本当にわずかではあるが、間違いなく存在する。

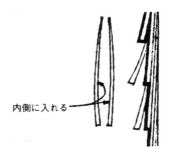
内側に入れる

シングル材を取るのが大変になるような作業位置や、ハシゴの上での作業になるときは、シングル材の置き台を使う。全作業でせいぜい2つか3つもあればいいだろう。薄の部分を既にセットしたシングル材の列の下に挟み込んで、置き台のうえにシングル材を乗せる。

シングル材置き台の使い方

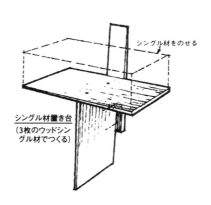
シングル材をのせる
シングル材置き台
（3枚のウッドシングル材でつくる）

144

■シングル材の重ね方、揃え方

側壁のシングルの最初の下端の列は、サポートシングル材（吊り支持シングル材）かハンガーシングル材を釘で留めた1 x 3材の棒の上に乗せるようにすると良い。

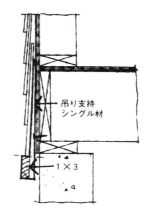

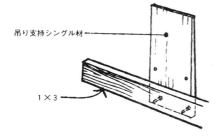

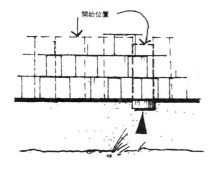

サポートシングル材またはハンガーシングル材は、開始列のシングル材の一部として、恒久的に釘で固定する。シングル材の設置がおわったら、1 x 3材の棒を取り除いて、シングルのはみ出し部分を手鋸（ハンドソー）か万能（ユーティリティー）ナイフで切り落とす。

145

9 屋根と外装 (ROOFING & SIDING)

■腰高線の張り方

多くのシングル材について、腰高線/石積み(メーソンズライン)をへりにそって張ることによって、釘で留める前に所定の位置におくことができる。腰高線/石積線位置決め材(メーソンズラインブロック)は、棟隅板(トリム)や隅角部の作業のときに役に立つ。棟隅板(トリム)の作業の位置も釘を留めて決めておくこと。

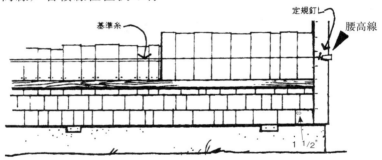

■接合部の隙間の処理

接合部の隙間(スペーシング)は側壁の場合は致命的な問題にはならないが、それでもやはり一直線にならないようにしなくてはならない。それぞれの列について芋目地にならないように最低1 1/2インチ(38.1mm)はずらすようにする。(P133の屋根と同じ)3番目の列についてはあまり気にすることはない。

屋根と外装

①窓台に接するシングル材

　窓台は最低1/2インチ（12.7mm）だが、シングル分を広げて5/8インチ（15.8mm）の方が良いだろう。全ての窓について、設置する前に、そのシングル材のさし込み部分を広げておく。

（1/2～5/8インチ幅）

②枠材に接するシングル材

　コーナーや枠に対しては、幅の狭いシングル材を使う。幅広のものは縮みすぎてこれらのポイントに対して大きい隙間を作ってしまう。

　割れ、節、極端に硬いなど性質の悪いシングル材には気を付けること。硬いシングル材は、反って割れてしまうので、捨ててしまうこと。ホワイトシダー材に

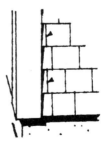

おける割れは、一般的に使いものにならないので壊して捨てる。

9 屋根と外装（ROOFING & SIDING）

③ ドーマー窓部分のシングル材

幅の広いシングル材（ベットシート）は切妻の破風板部分とドーマー窓の側壁のためにとっておく。

ドーマー窓の側壁と切妻の部分のシングル材は全部一斉にカットして用意してしまえば枚数の計算が容易である。

卓上固定鋸（テーブルソー）や電動鋸（ラジアルソー）がこの作業には最適

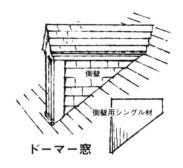

ドーマー窓

だが、手鋸（ハンドソー）や、電動丸鋸（スキルソー）ならば積み重ねてカットすることができる。

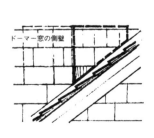

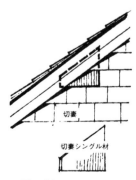

切妻の破風板部分のシングル材

屋根と外装

■シングル材の張り替え方

完成したシングル材の壁に別のシングル材を入れたり交換する必要が生じた場合は、木製のクサビと釘のセットとボックス釘を使う。

まず、シングル材が接合部から1/2インチ（12.7mm）浮くようにする。

次に接合部近くに入れた飼木（ウッドブロック）をハンマーで打ち込んで使う。

その後、上のシングル材を持ち上げてクサビで固定する。

それから2本の4dの釘を角度をつけて打ち込んで、シングル材を正しい位置にはまるように釘を打ちつける。

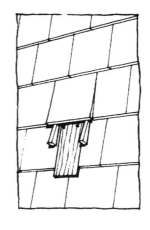

上部のシングル材はそう簡単には曲がらない。切妻部分に金属性の壁作業台支持金物（ウォールブラケット）を使ってシングル材取り付け作業するときは、それぞれの壁作業台支持金物（ブラケット）の部分について、こういう作業が発生することになる。

9 屋根と外装（ROOFING & SIDING）

■ドア開口部枠の張り方

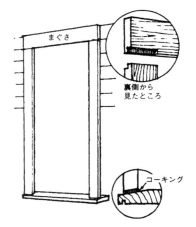

ドア枠の水漏れがないようにするには、縦枠はまぐさ材（ヘッダー）にほぞ組みされなくてはならない。額縁（ケーシング）の部分は防水加工する。

■下見板張りの張り方

横隅角の部分や窓の隅枠（トリム）、ドアの隅枠材（トリム）でぴったり合わせるには下見板（クリップボード）の治具は必須である。下見板張り（クリップボード）に治具をまたがるようにおいて、隅枠材（トリム）にしっかり押しつけておいて万能ナイフ（ユーティリ

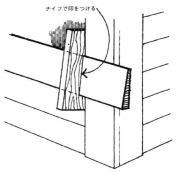

ティナイフ）か尖った鉛筆で印を付ける。

150

屋根と外装

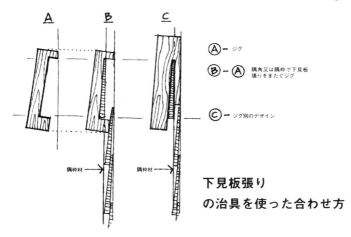

Ⓐ – ジグ

Ⓑ – Ⓐ 隅角又は隅枠で下見板張りをまたぐジグ

Ⓒ – ジグ別のデザイン

下見板張りの治具を使った合わせ方

■造作材を突きつけで継ぐ方法

2つの造作材を突き付けで継ぐ場合、互いの高さが合わないときがある。合わせるには、フェルト防水紙か、木のシングル片を使って低い方に飼木して高さをそろえるとよい。

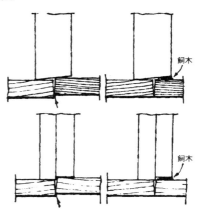

9 屋根と外装（ROOFING & SIDING）

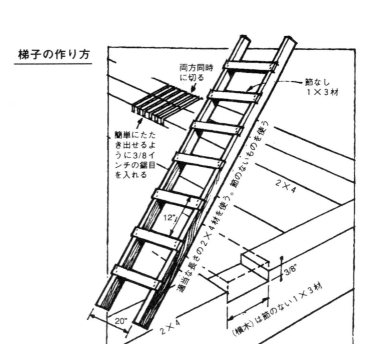

梯子の作り方

- 両方同時に切る
- 節なし 1×3材
- 簡単にたたき出せるように3/8インチの鋸目を入れる
- 適当な長さの2×4材を使う。節のないものを使う
- 2×4
- 12"
- 20"
- 3/8"
- （横木）は節のない1×3材

　仕事を始めるに当たって、まず必要になるものの一つが梯子である。たいてい梯子は10フィートないし12フィートの長さであるが、それ以上長いものを使いたい場合は、強度が問題になるので、まっすぐに挽かれたファー材（米松）を使うこと。横木を渡すレールは一度に両方切ってしまうこと。もしも、2ケ

屋根と外装

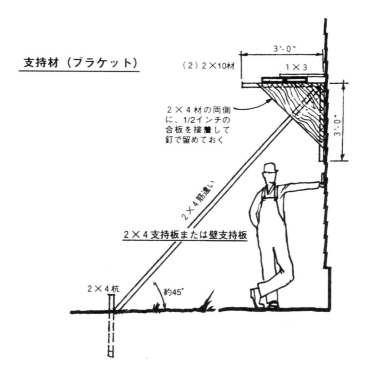

支持材（ブラケット）

所印を付けたなら、4ケ所一度に処理（切断）してしまう。

　ブラケットを長い2×4材に滑らせて建物にもたせかける。もう一つ対になるものを立ち上げて、それぞれの2×4材のつっかい棒の根元に杭を打ちつける。これでブラケット上に、2×10の渡し板を載せる準備が整ったことになる。

■参考資料：日本の法律
枠組壁工法に関する規定

告示 1540 号 ※

土台

土台は基礎に径 12 mm 十以上、長さ 35 cm 以上のアンカーボルト又はこれと同等以上の引張耐力を有するアンカーボルトで緊結しなければならない。

アンカーボルトは、その間隔を 2 m 以下として、かつ隅角部および土台の継ぎ手の部分に配置すること。

土台の寸法形式は、厚さ 38 mm 以上、幅 89 mm 以上のもの（＝ 2 × 4 材以上を指す）

床版

床根太、端根太及び側根太の寸法は、寸法形式 206（ツーバイシックス）、208、210、212 若しくは 306 に適合するもの又は厚さ 38 mm 以上で幅 140 mm 以上のものとしなければならない。

床根太の支点間の距離は 8m 以下としなければならない…

床根太間隔は、65 cm 以下としなければならない。

メモ 土台は 2 × 4 材以上、根太は 2 × 6 材以上の大きさが必要。

※ツーバイフォー工法（枠組壁工法）に関する法律（建設省告示）は 1540 号と 1541 号があり、このうち 1540 号は構造部材に関する制限や構造計画に書かれている。1541 号は、壁と床版に関する規定。本書では最低限これだけ守れば法律違反ではないということを示すため、構造計算を必要としない 2 階建以下の規定のポイントを抜き出して参考資料とする（1541 と 1540 の壁や床版の仕様規定は内容が重複するので 1540 のみ紹介）。

床材は、厚さ 15 mm 以上の構造用合板、厚さ 18 mm 以上のパーティクルボード又は構造用パネルとしなければならない。ただし、床根太間隔を 50 cm 以下とする場合においては、厚さ 12 mm 以上の構造用合板、厚さ 15 mm 以上のパーティクルボード又は構造用パネルにすることができる。

メモ 床根太間隔が 50 cm 以下なら 12 mm 厚合板を使ってよい。

床版の各部材相互及び床版の枠組材と土台又は頭つなぎとは、表 1 の欄の区分に応じ、緊結しなければならない。

メモ 釘の種類と、釘の本数、釘の間隔を規定。

巻末資料

緊結する部分		緊結の方法		
		くぎの種類	くぎの本数	くぎの間隔
(1)	床根太と土台又は頭つなぎ	CN75 CNZ75	2本	―
		CN65 CNZ65 BN75	3本	
		BN65	4本	
(2)	端根太又は側根太と土台又は頭つなぎ	地階を除く階数が3の建築物の1階 CN75 CNZ75	―	25cm以下
		BN75	―	18cm以下
		その他の階 CN75 CNZ75	―	50cm以下
		BN75	―	36cm以下
(3)	床版の枠組材と床材	床材の外周部分 CN50 CNZ50	―	15cm以下
		BN50	―	10cm以下
		その他の部分 CN50 CNZ50	―	20cm以下
		BN50		15cm以下

くぎの種類の欄における記号は、JIS A 5508（くぎ）12005に規定する規格を表すものとする。

（表1）床版の各部材・枠組材、土台・頭つなぎの緊結

くぎの種類	長さ	胴部径	頭部径	備考
CN50	50.8mm	2.87mm	6.76mm	
CN65	63.5mm	3.33mm	7.14mm	
CN75	76.2mm	3.76mm	7.92mm	J I S
CN90	88.9mm	4.11mm	8.74mm	A
CNZ50	50.8mm	2.87mm	6.76mm	5008
CNZ65	63.5mm	3.33mm	7.14mm	
CNZ75	76.2mm	3.76mm	7.92mm	
CNZ90	88.9mm	4.11mm	8.74mm	
BN50	50.8mm	2.51mm	6.76mm	
BN65	63.5mm	2.87mm	7.54mm	
BN75	76.2mm	3.25mm	7.92mm	
BN90	88.9mm	3.43mm	8.74mm	

（参考資料）

JIS 規格

（日本工業規格）

による釘の分類

壁等

耐力壁の下枠、たて枠及び上枠の寸法は、寸法形式204、205、206、208、304、又は厚さ38mm以上で幅89mm以上（＝2×4材以上）のものであって緊結に支障がないものとしなければならない。

> **メモ** 縦枠・上枠には、2×4材以上を使用。

耐力壁線相互の距離は12m以下とし、かつ、耐力壁線により囲まれた部分の水平投影面積は40㎡以下としなければならない。

外壁の耐力壁線相互の交さする部分には、長さ90cm以上の耐力壁を一以上設けなければならない。

耐力壁のたて枠相互の間隔は、表2に揚げる数値以下としなけ

ればならない。

各耐力壁の隅角部及び交さ部には次に定めるところにたて枠を用いるものとし、当該たて枠は相互に構造耐力上有効に緊結しなければならない。

イ たて枠に寸法形式204、205又は305に適合する製材のみを使用する場合にあっては、寸法形式204、又は304に適合する製材を3本以上。

ロ たて枠に寸法形式206、208、306に適合する製材を使用する場合にあっては、寸法形式206、208、306に適合する製材を2本以上。

> **メモ** たて枠の製材の寸法と本数を規定。

建築物		2階建ての建築物の2階又は平屋建ての建築物
多雪区域以外の区域における建築物		65cm
多雪区域における建築物	垂直積雪量が1mを超え1.5m以下の区域	50cm
	垂直積雪量が1mを超え1.5m以下の区域	50cm
	垂直積雪量が1.5mを超え2m以下の区域	45cm

巻末資料

各耐力壁の隅角部及び交さ部には次に定めるところにたて枠を用いるものとし、当該たて枠は相互に構造耐力上有効に緊結しなければならない。

イ たて枠に寸法形式204、205又は305に適合する製材のみを使用する場合にあっては、寸法形式204、又は304に適合する製材を3本以上。

ロ たて枠に寸法形式206、208、306に適合する製材を使用する場合にあっては、寸法形式206、208、306に適合する製材を2本以上。

メモ 隅角部・交差部に用いるたて枠材の寸法と本数を規定。

耐力壁の上部には、当該耐力壁の上枠と同寸法の断面を有する頭つなぎを設け、耐力壁相互を構造耐力上有効に緊結しなければならない。

耐力壁線に設ける開口部の幅は4m以下とし、かつその幅の合計は当該耐力壁線の長さの4分の3以下としなければならない。

幅90cm以上の開口部の上部には、開口部を構成するたて枠に同寸法以上の断面を有するまぐさ受けによって支えられたまぐさを構造耐力上有効に設けなければならない。

メモ 開口部の幅の規定と、まぐさ受けを設ける規定。

壁の各部材相互及び壁の各部材と床版、頭つなぎ又はまぐさ受けとは、次の表3の通り緊結しなければならない。

小屋組等

たるき及び天井根太の寸法は、寸法形式204、205、206、208、210、212、304、306に適合するもの又は厚さ38mm以上で幅89mm以上のもの（＝2×4材以上のもの）であって、

	緊結する部分	緊結の方法		
		くぎの種類	くぎの本数	くぎの間隔
（1）	たて枠と上枠 又は下枠	CN90 CNZ90	2本	—
		CN75 CNZ75 BN90 CN65 CNZ65 BN75	3本	
		BN65	4本	
（2）	下枠と床版 の枠組材	CN 90 CNZ 90	—	50cm 以下
		BN90	—	34cm 以下
（3）	上枠と頭つなぎ	CN90 CNZ90	—	50cm 以下
		BN90	—	—
（4）	たて枠とたて枠又 はまぐさ受け	CN75 CNZ75	—	30cm 以下
		BN75	—	20cm 以下
（5）	壁の枠組材と筋交 いの同端部	CN65 CNZ65	下枠、たて枠及び上枠3本	—
		BN65	下枠、たて枠及び上枠3本	

（表３）たて枠、上枠、下枠、まぐさ受け、筋交い端部に用いる釘の本数と間隔

かつ、たるき若しくは天井根太とむあぎ、頭つなぎ若しくは屋根下地材との緊結に支障がないものとしなければならない。

たるき相互の間隔は65cm以下としなければならない。

たるきには、たるきつなぎを構造耐力上有効に設けなければならない。

たるき又はトラスは、頭つなぎ及び上枠に金物で構造耐力上有効に緊結しなければならない。

屋根版に使用する屋根下地

巻末資料

	緊結する部分		緊結の方法		
			くぎの種類	くぎの本数	くぎの間隔
（1）	たるきと天井根太		CN90	3本	—
			CNZ90		
			CN75	4本	
			CNZ75		
			BN90	5本	
			BN75		
（2）	たるきとむなぎ		CN75	3本	—
			CNZ75		
			BN75	4本	—
（3）	たるき、天井根太又はトラスと頭つなぎ		CN75	2本	—
			CNZ75		
			C65	3本	
			CNZ65		
			BN75		
			BN65		
（4）	たるき又はトラスと屋根下地材	屋根下地材の外周部分	CN50	—	15cm 以下
			CNZ50		
			BN50		10cm 以下
（5）		その他の部分	CN50	—	30cm 以下
			CNZ50		
			BN50	—	20cm 以下

（表4）**小屋組の各部材と頭つなぎ・屋根下地材との緊結方法**

材は、厚さ12mm以上の構造用合板、厚さ15mm以上のパーティクルボード又は構造用パネルとしなければならない。ただし、たるき相互の間隔を50cm以下とする場合においては、

厚さ9mm以上の構造用合板、厚さ12mm以上のパーティクルボード、構造用パネルとすることができる。

　小屋の屋根又は外壁に設ける開口部の幅は2m以下とし、

159

かつその幅の合計は当該屋根の下端の2分の1以下としなければならない。ただし構造耐力上、有効な補強を行った開口部であって次のイからハに該当するものは、その幅を3m以下とすることができる。

イ　小屋の屋根に設けられるものであること。

ロ　屋根の端部からの距離が90cm以上であること。

ハ　他の開口部からの距離が180cm以下であること。

小屋組の各部材相互及び小屋組の部材と頭つなぎ又は屋根下地材とは、表の緊結の方法の欄に掲げる通りに緊結しなければならない。

屋根等に設ける幅90cm以上の開口部の上部には、開口部を構成する部材と同寸法以上の断面を有するまぐさ受けによって支持されるまぐさを構造耐力上有効に設けなければならない。

防腐措置等

土台が基礎と接する面及び鉄鋼モルタル塗その他の壁の枠組材が腐りやすい構造である部分の下地には、防水紙その他これを類するものを使用しなければならない。

土台には、枠組壁工法構造用製材等規格に規定する防腐処理その他これに類する防腐処理を施した旨の表示がしているものを用いなければならない。

地面から1m以内の構造耐力上主要な部分（床根太及び床材を除く）に使用する木材には、有効な防腐措置を講ずるとともに、必要に応じて、シロアリその他の虫による害を防ぐために措置を講じなければならない。

腐食のおそれのある部分及び常時湿潤状態となるおそれのある部分の部材を緊結するための金物には、有効なさび止めのための措置を講じなければならない。

巻末資料

建築基準法施など

防火に関する規定

屋根や外装の表面に本書のようなシングル（木材）を用いて良いかどうかについては、火災安全に関する建築基準法や各地の条例などで規定されている。

市街地エリアでは、防火地域、準防火地域、屋根不燃地域（法第22条区域）に分かれている。

防火地域と準防火地域では、外壁・屋根にシングル材は使えない※。法22条地域ではとび火対策のため、屋根にシングル材は使えない。市街地の屋根には表面は瓦、金属板、スレートなどの不燃材料を使わなければならない。市街地以外や公道沿いのエリアを除けば、基本的に使用上の制限はない（ただし各行政区によって判断が異なる）。

※特別な条件や実験により性能が証明されて大臣認定を取得している場合などは例外的に使うことができる。

階数（地階を含む） 延面積	100㎡以下	100㎡超
3以上	耐火建築物に限る	
2	耐火建築物又は準耐火建築物	
1	耐火建築物又は準耐火建築物	

（表5）**防火地域内の建築制限**

階数〈地階を含む〉 延面積	500㎡以下	500㎡超 1500㎡以下	1500㎡超
4以上	耐火建築物に限る		
3	耐火建築物、準耐火建築物、又は一定の技術的基準に適合する建築物	耐火建築物又は準耐火建築物	
2	木造建築物でもよい（一定の防火措置が必要）		
1	木造建築物でもよい（一定の防火措置が必要）		

（表6）**準防火地域内の建築制限**

161

■試作品にチャレンジ

セルフビルド研究会

ボブさんのガイドでは、どこの箇所に釘打ちをするかについては書かれてないので、以下に試作品の手順を示し、初心者向けのガイドとする。

土台

土台

①土台と根太のくぎ打ち…CN75くぎを2本、根太から土台に500mm以内の間隔で斜めにくぎ打ちする。

①根太から土台にくぎ打ち

斜め打ち

根太

②端根太と側根太の接合…CN90くぎを片面につき3本ずつ小口打ち。

小口打ち

②端根太から側根太に3本ずつくぎ打ち

※以下の仕様は、告示仕様、「枠組壁工法住宅工事仕様書」（住宅金融支援機構）に準拠
　CN75といったJIS規格のくぎ寸法については、160ページ一覧参照

床

③床下張材のくぎ打ち…ＣＮ50またはＣＮ65くぎを周辺部150㎜間隔以内、中間部200㎜間隔以内で床受け材に打つ。

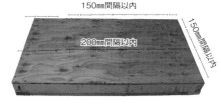

③ 床下張材のくぎ打ち

外壁の枠材

④外壁のくぎ打ち…上枠とたて枠の固定は、上枠側から2本のＣＮ90くぎを木口打ち。下枠とたて枠の固定は、下枠側から2本のＣＮ90くぎを木口打ち。

隅柱

⑤たて枠の組み柱をつくる…飼木からたて枠へ、たて枠相互にそれぞれＣＮ90くぎを打つ（300㎜間隔以内）。

外壁の合板

⑥外壁の合板の固定…ＣＮ50くぎを外周部100㎜以内、中間部200㎜以内で打ち付ける。

まぐさ

⑦まぐさを作る…開口部の寸法に

⑦まぐさを作る

合わせたツーバイ材2枚の間に構造用合板をはさんで、両端それぞれに4本のＣＮ75くぎで固定。中央部も4本のＣＮ75くぎで固定。

　たて枠からまぐさへは4本のＣＮ90くぎを木口打ち。

　まぐさ受けの枠材は、ＣＮ75くぎを上端から中間部300mm間隔以内で千鳥打ちする。

頭つなぎ・上枠

⑧頭つなぎと上枠の固定…頭つなぎから上枠へとＣＮ90を端部2本ずつ、中間部500mm間隔以内で平打ちする。

下枠

⑨下枠と床枠組の固定…下枠から床枠組へＣＮ90くぎをたて枠間に1本以上平打ちする（2階の場合）。

垂木・棟木

⑩たるきとむな木の固定…垂木から棟木へと3本のＣＮ75くぎを斜め打ちする。

⑪天井根太と頭つなぎの固定…天井根太から頭つなぎへＣＮ75くぎを斜め打ちする（試作では天井根太を省略）。

⑫たる木から頭つなぎと固定…垂木

⑩垂木と棟木の固定

から頭つなぎへ２本のＣＮ75くぎを斜め打ちする。

屋根下張材

⑬屋根下張材のくぎ打ち…ＣＮ50くぎを周辺部150㎜間隔以内、中間部300㎜間隔以内で垂木に平打ちする。

屋根葺き・外装工事

　ここから先は、基本的に手作り作業。大工仕事のフットワークだけでなく、木工品をつくるようなセンスも必要となる。

　材料代で一番高いのは、シングル材である。最近はホームセンターで購入できる。価格は30枚入りで5000円ほど。ウエスタンレッドシダーは、柾目挽きにするのに植林の手間がかかるので北米でも価格は下がらない材料である。杉板で代用もできる。

　試作品が完成。車輪をつけ

垂木端材によるゲージブロック

ホームセンターのシングル材

屋根板の一番下を二重にする

てコロコロ動かせるようにして、物置きとして利用することにした。

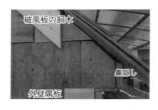

破風耳板の裏側に欠き込みをして、外壁隅板に差し込んで固定する

最初は勾配を上げたものの
ガレージに引っかかり作り直し

試作品完成。動かせるよ
うに車輪をつけた

巻末資料

本書で出てくる英語の用語（英語表記／日本語訳）

英語読み	英語の表記	日本語訳
イヤーボード	ear board	破風耳板
ウォールブラケット	wall blaket	壁作業台支持金物 壁軸受架
ウッドシェイク	wood shake	こけら葺き屋根板
ウッドシングル	wood single	こけら板
オーバーハング	overhung	持ち出し、ひさし
ガッター	gutter	樋（雨どい）
カンパ	berch	シラカンバ（白樺）の同位種
キルンドライ	kln dry	KD 材（人工乾燥材）
クラップボード	clap board	よろい張り下見板
ゲージスティック	stick gauge	棒ゲージ
ゲージブロック	gauge block	寸法基準板
ケーシング	casing	額縁
コーキング	caulking	防水のための隙間充填
コーナーボード	corner board	隅枠材
サイディング	siding	外壁材、下見板
ジョイスト	joist	根太
スタック	stack	材木を積み重ねた山
スタッド	stud	縦枠材
ストーリーポール	story pole	板張り位置決め棒尺
ストップブロック	stop brock	本書では「板留め」を指す
スプライン	spline	定規（帖木）緑 ※細長い板のこと
スプルース	spruce	マツ科トウヒ属の常緑高木
スペーシング	spacing	間隔
スラブ・オン・グレード	slub on grade	コンクリート土間床の一種
ソフィット	soffit	軒の下端（したば）、軒天井
デッキ	deck	縁側
デッキング	decking	縁側（デッキ）の上張り
ドーマー窓	dormer window	屋根裏部屋の採光のための窓
トッププレート	top plate	上枠
ドライウォール	dry wall	石膏で隙間を充填した乾式壁
トランシット	transit	トランシット（陸地測量器械の一つ）
トリム	trim	隅枠材
ネイラー	nailer	自動釘打ち機
バルーン工法	balloon framing	バルーン工法（通し縦枠で建てる工法）
ハンドソー	handsaw	手ノコ
ビルディングペーパー	building paper	建築用防水紙

167

英語読み	英語の表記	日本語訳
ファーリングストリップ	fouling strip	目印板片　下地留板
ファシア	fascia	鼻隠し、軒先の垂木小口を隠す幕板
フェルト	felt	不織布、本書ではアスファルトフェルト
プラットフォーム	platform	床版
プラットフォーム工法	platform framing	ツーバイフォー工法（枠組壁工法）
プラム　ボブ	plub bob	糸に下げた円錐状のおもり
プランク	plank	厚板、（本書では足場板）
フリーズ	frieze	軒廻り縁　※帯状装飾、小壁の意味
フリーズボード	frieze board	外壁回り縁、幕板
フリーズボードパッキング	frieze board packing	外壁回り縁飼木
ブリッジ	bridge	つなぎ板材（梁・桁が原義）
フレーミング	framing	組立
ブロック	brick	レンガ（本書では木片・飼木の意味）
プロトラクター	protractor	分度器（分度器付きコンパス）
ヘッダー	header	まぐさ台
ベベルスクエア	bevel square	角度定規（角度計付き定規）
ヘムロック	hemlock	米栂（べいつが）
ホワイトシーダー	white cider	ホワイトシーダー(シダーとも表記)
ミセラニアス トリム	miscellaneous trim	造作仕上げ材
メーソンズライン	mason's line	水糸
メジャー	measure	物差し、メジャー
ユーティリティナイフ	utility knife	万能ナイフ
ラジアルアームソー	radial arm saw	卓上丸ノコの一種
ラフター	rafter	垂木
リッジ	ridge	棟木（むなぎ・むねぎ）
リッジボード	ridge board	棟板
ルーフィング	roofing	屋根ふき工事
ルーフィングスティック	roofing stick	屋根葺き用定規
レーキボード	rake board	破風板
レッドシーダー	red cider	ウエスタンレッドシーダー (シダーとも表記)

あとがき

■監修者より

住宅生産性研究会　理事長
戸谷　英世

　私が最初にアメリカのツーバイフォー工法の施工教育を見学したのは、1972年カナダ・オンタリオ州トロントのジョージブラウンカレッジである。このとき、アメリカのツーバイフォー工法の技術・技能教育が非常に体系的に組織されたものであった。学生の技能力の程度に沿って、右投を登るように、学習する技能内容が高くなっていくことを見て驚かされた。それは名人芸を、名人といわれる特別な才能を持った人でなくても、誰にでも習得させる教育方法だったからである。それと同時に、大工（カーベントリー）の教育は、まず材料としての木材そのものをよく知ることが第一で、その次に、機械・工具など材料を加工する手段について十分な知識を持ち、間違いなく、これらの手段を使いこなすことであった。ジョージブラウンカレッジで使っている大工（カーベントリー）の教科書上下のうち、上巻の過半がそれらのことの記述で埋められていたのを見て、日本の伝統大工の教育と基本においては全く同じであることを教えられる思いがした。

　アメリカの住宅建築史は、生産性向上の歴史である。住宅の生産性を高める方法は、徹底的な分業化と、その分業化された作業をネットワークによって有機的に結びつけることである。作業の分業化は、個々の作業を単純化することになるため、その作業に習熟

することが容易になり、作業速度は向上する。その結果、熟練した単能工が生まれるだけでなく、各作業自体がさらに作業内容ごとに分解され、技能者は、それぞれの熟練度に適した作業をすることになる。わが国で一般的に見られるようになったフレーミング工事についても、作業がもっと効率的に行われなければならない。そのためにはそれぞれの作業に必要な技能力をもった技能者の適正な配属が必要となる。

アメリカの技能者は、技能力によって、マスタージャーニーマン（高度熟練工）、ジャーニーマン（熟練工）、アプレンティス（見習い工、手元）、ワーカー（作業労働者）に分類され、フォアマン又はリードマン（親方）の指揮下で作業が進められる。通常、マスタージャーニーマンの資格者がフォアマンに任命される。技能者の貸金は、技能力によって格付けされているため、技能者はより高い貸金を得ようと願って、技能力を磨いている。

著者ボブ・サイバネン氏が、冒頭に書いているとおり、「再度測り直して、念押ししてから、材料を切断しなさい」という原則と「ここでやっている作業は住宅を追っているのであってピアノを追っているのではない」。つまり、「住宅に期待されている精度や性能にあった適切な技術・技能を使いなさい」と言っていることは、すべて「ムリ・ムダ・ムラをやめなさい」ということを言っているのである。

アメリカ社会では、ホームビルダーの合理的な経営に基づいて、建設技能者も

あとがき

その技能を高めようとしている。技能力を高くすれば、それだけ高い賃金が得られるという社会のしくみが、建設技能者の技能力を研鑽する、大きな原動力となっている。

よく〝アメリカ人と日本人とは体力が違う〟と考える人がいるが、アメリカの技能者は、その職能に必要な体力づくりに励んでいるのである。ここで紹介する『昔気質の大工さんの知恵』は、アメリカの大工職人が努力して磨き上げた技能向上のノウハウともいうべきものを集約したものである。

本書は、カリフォルニア州サクラメントで設計活動をされている建築家レイ・タニモト氏が、私に勧めて下さった本である。私は何度も読み、大変興味深い本として、わが国の大工や住宅建設業の関係者に読んでもらいたいと痛感し、住宅生産性研究会出版の機関誌「BUILDERS' MAGAZINE」で紹介してきた。此の度、著者ボブ・サイバネン氏及び出版社ザ・グローブ・ピーコット・プレスと翻訳出版契約が締結され、ここに出版されることになったものである。

本書の出版にあたっては、翻訳を農林水産技官の戸谷玄氏に依頼し、それを私が監修した。本書の制作にあたっては、関係者のご協力によって実現できたものである。ここでこれらの関係者の方々に感謝の気持ちを書き留めるとともに、本書がわが国の住宅産学界に役立つことを願って止まない。

■再版にあたって

セルフビルド勉強会

本書は、アメリカで広く読まれていた実用書を、日本の初学者向けに再編集・加筆したものである。

日本でツーバイフォー工法がオープン化した時代、建設省で担当技官を務めていた戸谷英世氏より再出版の話があったのは3年前のことになる。英語版の原書は40年前に遡るだけに躊躇したものの、読んでみると現代の工法として十分通用することに驚かされた。実際、ツーバイフォー工法には時代の変化を受けにくい確固たるマニュアルがあることを約70年前の米軍住宅の改修を行った建築家の渡辺治氏から聞いて思いを新たにした。

新版にあたっては原書を忠実に辿りつつ、以下の2点を追記することとした。

①日本の設計の基本単位であるミリ表記も併記することで、これまでツーバイフォー住宅の設計に全く携わったことのない方や、尺貫法（※フィートと尺はほぼ同じ）になじみのない初学者の方でも、スケール感を掴めるように配慮した。

②米国の住宅づくりと日本の住宅づくりは歴史的にも技術的にも異なるので、簡単な解説ページを盛り込んで理解の一助とした。

加筆の理由としては、日本での出版当初と今日では、読者層が異なってくるためである。なぜかというと、今日の日本の住宅市場では、プレカットが普及しているためである。躯体構造に関しては、住宅業者がプレカット工場（※ツーバイフォー工法の場合は『コンポーネント工場』と呼ぶ）

あとがき

そのため、本書の読者層としては、以下の3分野を想定することになった。

①リフォーム事業者から新たに新築住宅に展開をしたい事業者。コテージや増築を想定した躯体づくりのノウハウを学びたい業者。

②既存のツーバイフォーの躯体づくりだけではなく、新たに本格的な北米型ツーバイフォー工法のオリジン（起源）を学んで、「違いの分かるプロ」として、工法の差別化に磨きをかけたい業者。

③セルフビルド志望者。今も北米の住宅づくりの底流に脈々と流れるフロンティアシップを直接肌で感じ取り、〝セルフビルドの極意〟を体得したいアマチュア向け。

②のプロユーザーは、20年前の日本語での翻訳当初から想定されていたが、③のアマチュア層は、全く想定していなかった層である。これからの日本の住宅における「維持管理、リフォーム」の担い手となる層として期待したい。

本書を読み進めるうちに、日本で本当に同じものが建てられるのかと疑問に思う読者もいるだろう。また、建築許可が通るのだろうかと不安に感じるプロの方もいるだろう。

本書で紹介している住宅の作り方は、日本でツーバイフォー工法がオープン化した1974年当時、北米で主流だった作り方であり、こうした作り方をもとにして日本のツーバイフォー工法に関する法律ができている。そうした観点から本書を読むと、鉄筋の入っていない基礎はさすがに実現が難しいし（2016年の熊本地震では震度7の大地震で地割れが発生して基礎が壊

れて損壊した築27年の2 x 4住宅があった）、外装や屋根に木を使う場合は、防火規定の確認を必要とするものの、その他はほぼ現代に適応できることが分かる。

日本の建築法規におけるツーバイフォー工法の規定は、国土交通省（旧建設省）告示第1540号と1541号に全て書かれている。構造の安全上必要な技術的基準は1540号である。1541号は、壁と床版に枠組壁工法を使った場合の規定である。告示1540号と1541号における日本独自の規定は次の3つである。

①壁量計算。壁量計算とは、壁や筋交いの耐力を計算して、地震に対する建物全体の強度を確かめる日本独自の計算方法である。

②3階建て以上の建物や床組みにコンクリートを使った場合などは、構造計算を必要とする。

③積雪荷重にも対応しなければならない。地域によって異なる積雪量に対応した係数を階の床面積に乗じる必要がある。

④仕様規定。釘の種類は何を使いなさい、間隔を何メートル以下にしなさいといった細かい制約を設けて、安全上の担保としている。

壁量計算や構造計算については、建築士レベルの知識なので本書以外の専門書で勉強してほしい。仕様規定については入門者でも知っていてほしいので、2階建て以下に関する規定を要約して参考資料に盛り込んだ。

なお、戸谷氏によると、日本のツーバイフォーの規定は、営利目的で改悪をしないようにするために細かい規定を設けたものなので、基本がしっかりしていれば問題はないとのこと。

あとがき

著者

ボブ・サイバネン …若い時代は、模型飛行機の作り方や飛ばし方をその解説書から学んで、それに夢中になっていた。この30年間は解説書を学んで、住宅をどのように設計し、設計図を措き、建設するかを学び実践してきた、ボブ・サイバネンと妻のパットと4人の子供達は、全米を何度も縦・横断する旅をしてきた。景色の美しいアメリカ北西部で数年過ごした後で、家族は全員でオーストラリアに暫く滞在し、それからケープコッドに移住して現在に至る。ボブ・サイバネンは、木彫や魚釣りをして余暇を楽しんでいる。著書に「設計製図：住宅の設計製図の知恵」「外部仕上：住宅の外部仕上の知恵」「内部仕上：昔の大工技能の知恵」

訳者

戸谷　玄 …林野庁研究普及課　技術開発推進室　指導係長（農水省技官）平成5年、東京農工大学林産学科卒。平成5年、農林水産省技官として入省後、坂下営林署フォレスダー、群馬営林局係長を歴任し、現職。その間、マレーシア王国及びマラウイ共和国に調査業務で派遣された。器楽（オーケストラ）、大道芸（奇術）、針金芸術、折り耗芸術、風船芸術、ウクライナ卵芸術などが趣味。

監修

戸谷　英世 …住宅生産性研究会(HICPM)理事長。一級建築士、技術士（建設部門）、建築主事資格、国家公務員上級職甲（建築職）、1940年岐阜県生まれ。名古屋大学建築学科卒、1962年建設省入省、住宅局建築指導課、大臣官房技術調査官、建築研究所、住宅都市整備公団、大阪府、愛媛県、インドネシア共和国公共事業省、国土技術開発センター、ABC開発を経て、現職。

住宅生産性研究会
（HICPM） …住宅生産性研究会（HICPM）は、わが国の住宅産業を欧米並みの高い生産性を誇る産業に育てる目標を掲げて、平成6年全米ホームビルダー協会（NAHB）と相互協力協定を締結して、アメリカの住宅産業の技術を日本の住宅産業に技術移転をする業務を実施してきた。その主要な業務は、建設業経営テキストの翻訳・解説・出版及び研修並びに住宅産業関連図書の出版・講演・研修等である。

編集

セルフビルド勉強会 …真間書院の編集スタッフによる勉強会。〝究極の素人〟としての視点から、北米の住宅づくりについて目下勉強中。

アメリカの大工さんの愛読書　昔ながらの木の家のつくり方
【躯体・屋根・外装工事編】

平成 30 年 8 月 30 日	第 1 版第 1 刷発行
著者	ボブ・サイバネン
訳者	戸谷 玄
監修	住宅生産性研究会
編集	セルフビルド勉強会
定価	1,800 円（消費税・送料別）
発行所	真間書院
住所	千葉県市川市国分一丁目 5 番 12 号
電話＆ FAX	0 3 － 3 9 9 7 － 8 2 6 6
印刷	㈱イニュニック

乱丁・落丁のものは発行所又はお買い求めの書店でお取替え致します。
著作権法上の例外を除き、本書の無断複写は（コピー）は禁じられています。

ISBN 978-4-9907990-1-4 C0052 ￥2000E